戦史ドキュメント

桶狭間の戦い

小和田哲男

学研M文庫

本書は一九八九年『桶狭間の戦い』のタイトルで
学習研究社から出版された作品を文庫化したものです。
図版――広研

はじめに

桶狭間の戦いは、永禄三年（一五六〇）五月十九日、ようやく尾張一国の統一をほぼなしとげたばかりの織田信長が、わずか二〇〇〇の兵で、二万五〇〇〇という大軍を擁する今川義元を破った戦いである。当時、今川義元は、駿河・遠江・三河の三ヵ国だけでなく、尾張の一部にも勢力をひろげており、常識的に考えれば、信長が太刀打ちできるような相手ではなかった。

しかし、結果として、二〇〇〇の信長軍が、その一〇倍以上の義元軍を破っている。おそらく、少ない軍勢で大軍を打ち破った最高記録でないかと思われるが、この桶狭間の戦いの歴史的な意味はそれだけではなかった。信長の台頭という、その後の歴史展開に大きくかかわるできごとだったのである。

「あれだけの器量の持ち主だから、桶狭間で勝たなくても、いずれは歴史の表舞台に登場する武将だよ」といわれるかもしれない。ところが、歴史というのは、結構、タイミングというものが重視される。仮に、信長が義元に打たれるまでに至らなくても、義元の力が尾張半国におよぶようなことになっていれば、信長の台頭は五年や一〇年遅れる可能性がある。そうなれば、信長が足利義昭を擁して上洛などという結果にはならなかったろう。

ところで、桶狭間の戦いの歴史的意義として、意外と忘れられているのが〝情報〟に関してである。本書でもくわしくふれるが、信長が戦い後の論功行賞で、まっさきに名前を呼んだのが、一番槍の服部小平太でもなく、一番首の毛利新介でもなく、今川義元情報を届けた簗田出羽守だったという点は重要である。極論すれば、戦国時代は、その瞬間に新しい段階に突入したといってもよい。

それまでの戦国合戦は、一番槍とか一番首の言葉に象徴されるように、槍働き、すなわち武功が論功行賞のバロメータであった。信長は、そこに、新しく、〝情報〟を評価基準に加えたのである。そして、そのことが、さらに信長の人材抜擢そのものも変えていくことになったといっても過言ではない。木下藤吉郎、すなわち羽柴秀吉のアイデアなどをうまく引き出して使っていくことにもなるのである。その意味で、信長にとっても、桶狭間の戦いは画期的な意味をもっていたことになる。

なお、本書で、私は、できるだけ生の史料を引用するように心がけた。私の考察過程を提示し、ともに考えてほしいと思ったからである。桶狭間の戦いには、誤まって語り伝えられてきたことがらも少なくない。そうした誤伝をできるだけ正したいというのが本書執筆の一つの動機でもあった。

文庫化に際して

小和田　哲男

目次

戦史ドキュメント 桶狭間の戦い

第一章　義元、西上の軍をおこす

10 五月十日　先鋒出陣

永禄《えいろく》三年（一五六〇）五月十日。この日、駿府《すんぷ》（静岡市）の今川館《いまがわやかた》とその周辺は異様な興奮状態にあった。今川館の主、今川義元《よしもと》がいよいよ西上の軍をおこすことになり、この日、先鋒《せんぽう》が出陣《しゅつじん》していったからである。

万を超す軍勢が、今川館の正門である四脚門をくぐり、その前の本通り（東海道）をまっすぐ西に向かって行軍していった。城下の人びとも四脚門の近く、さらに本通りの両側に集まって、出征《しゅつせい》してゆく兵士たちを見送っている。

先鋒軍の大将は、遠江国《とおとうみのくに》井伊谷《いいのや》城（静岡県引佐《いなさ》郡引佐町井伊谷）の城主井伊直盛《なおもり》である。井伊氏は、平安時代の昔から遠江国の井伊谷を本拠にしていた豪族で、南北朝時代には、後醍醐《ごだいご》天皇の皇子宗良親王《むねよししんのう》を擁《よう》して、今川義元の先祖である今川範国《のりくに》・範氏《のりうじ》と戦っている名族であり、室町時代においても国人《こくじん》領主制を展開し、今川氏に服属するようになったのは永正《えいしょう》十一年（一五一四）のことであった。

つまり、井伊直盛は、今川家臣団の中では新参《しんざん》の外様《とざま》という位置づけであり、今回の出陣は、新参の外様がどれだけの働きをするか、その忠誠度《ちゅうせいど》が試《ため》される場でもあったわけである。ちなみに、のち、徳川家康《いえやす》の重臣で、俗に「徳川四天王」の一人に数えられる井伊直政《なおまさ》も、幕末、大老《たいろう》として有名な井伊直弼《なおすけ》も、ともにこの直盛の養子直親の子孫である。

さて、この日、駿府を出発した先鋒軍の中に、もう一人注目すべき武将がいた。この年まだ弱冠《じやつかん》十九歳の青年武将松平元康《もとやす》（のちの徳川家康）の姿である。元康はいうまでもなく三河《みかわ》岡崎城（愛知県岡崎市）の松平氏の当主で、松平領が今川氏の〝保護国〟のような形になっていたため、やはり先鋒を命じられたものである。

ふつう、先鋒は、戦いとなれば、一番最初に敵と遭遇《そうぐう》し、したがってそれだけ多く犠牲《ぎせい》が出るわけで、一種の弾《たま》よけ部隊であった。そのため、どこの戦国大名も、譜代《ふだい》の家臣は温存しておいて、新参の外様家臣に先鋒をつとめさせている。このときの義元の発想もそれと同じであった。新参の外様にしてみれば、できるだけ早く戦功をあげて、その忠誠度を評価してもらうことが、わが身の安全にとって必要なことだったわけである。

ところで、私は、五月十日を、今川軍の先鋒が出陣した日とみているが、史料によ

っては、義元本隊が出陣した日とする場合もある。たとえば、『伊東法師《いそくほうし》物語《ものがたり》』には、

……今川義元卿、天下江切て登《のぼり》、国家の邪路をたゝさんとて、駿河・遠江・三河三ヶ国陣触《じんぶれ》有《これ》レ之《あり》、其勢都合《つごう》弐万余騎の着到にて、遠江之国池田の原ニて諸勢を揃《そろう》へ《(べ)》きとの評定《ひょうじょう》有レ之、永禄《えいろく》三年庚申《かのえさる》五月十日己亥、大将義元、駿府を打立給《たま》ひ、藤枝《ふじえだ》に着陣有、先手ハ島田・大井川を打越て菊田川《(ママ)》・小夜中山《さよのなかやま》・日坂《につさか》に陣を取、

とみえ、五月十日に、総大将義元自身が駿府を出陣したとしている。また、『治世元記』もほぼ同文ながら、

……駿河国今川義元卿、尾州《びしゅう》為二退治《たいじ》一四万餘ノ人数ヲ率《ひきい》永禄三庚申年五月十日駿府ヲ立、其日ハ藤枝ニ陣シ、魁兵《かいへい》ハ至二島田・菊川・佐夜中山・日坂一

と記している。

つまり。義元本隊が五月十日の出陣で、先鋒はそれより前に駿府を出立していたという解釈である。この両書をうけて、『朝野舊聞裒藁《ちょうやきゅうぶんほうこう》』東照宮御事蹟第十一も、「十日今川義元ハ織田信長を討んと駿府を発し、藤枝に着す」という綱文をたて、以後、五月十日義元出陣が通説のようになっていったと思われる。

しかし、その後の日程などから考えると、先鋒の出陣が五月十日、義元本隊の出陣が五月十二日とみる方がいいように思われる。

井伊直盛の軍勢がどのくらいだったのかはわからないが、元康の軍勢は一〇〇〇余騎だったという（『朝野舊聞裒藁』）。先鋒は三河・西遠江の軍勢だったのであろう。

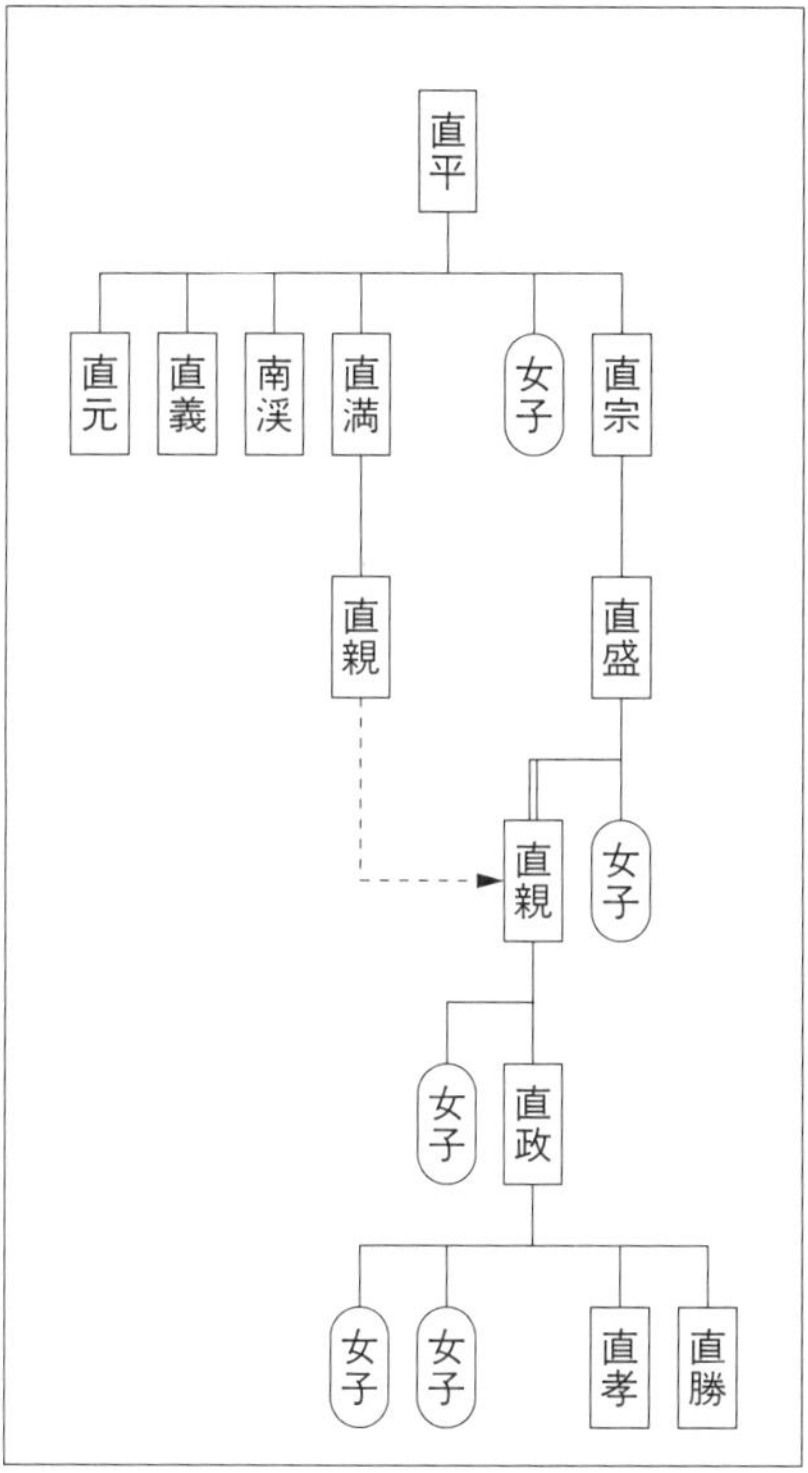

〔井伊氏系図〕
井伊氏は遠江井伊谷の豪族。上記のように、直盛は桶狭間で奮戦するが、打死。その子直親は家康や信長に通謀しているとの嫌疑をかけられ、今川氏真に殺された。その子直政にも危害が及びそうになったが、今川家の親族新野左馬助に助けられた。その後家康が放鷹しているときに見いだされ、徳川家の重臣となっていくのは周知のとおりである。

五月十二日　義元本隊出陣

先鋒《せんぽう》が出陣して一日おいた十二日、義元《よしもと》はみずから、譜代《ふだい》家臣ともいうべき駿河《するが》衆を率いて駿府《すんぷ》を出立《しゅったつ》した。甲斐《かい》の武田信玄《しんげん》、相模《さがみ》の北条氏康《ほうじょううじやす》との間に「甲相駿《こうそうすん》三国同盟」を結んでおり、文字通り後顧《こうこ》の憂《うれ》いがない、安心しきった出陣風景であった。

実力だけでいえば、当面の敵と考えている織田信長《おだのぶなが》の力と義元との差はあまりにも歴然《れきぜん》としており、信長に対し義元が抱く不安材料は一つもなかったといってよい。

ところが、おもしろいことに、このときの義元の出陣にあたって、怪異《かいい》現象のあったことがいくつか伝えられているのである。史料としての信憑性《しんぴょうせい》が高いことで知られている『当代記《とうだいき》』巻一には、

> 義元三川表え発向《はっこう》の時、奇特の夢想これあり。夢中に花倉、義元に対して云《い》ふ。このたびの出張《でばり》相止められるべしと也《なり》。義元いはく、貴辺は我が敵心たる也、これを用《もち》ふべからずと答ふ。花倉又云ふ。今川の家、廃すべきことをいかでか愁いざるか

と云ふ。夢さめおわんぬ。その後、駿河の国藤枝《ふじえだ》を通られける時、花倉、町中に立たれけると義元見て（をカ）、刀に手を懸《か》けらるゝ。前後の者一円これを見ず。奇特《きとく》と云々。（読み下して引用）

と記されている。ここに「花倉」とみえるのは、花倉（藤枝市花倉）の遍照光院《へんしょうこういん》という寺の住職であった玄広恵探《げんこうえたん》のことをさしている。玄広恵探は、義元の実の兄で、天文《てんぶん》五年（一五三六）の家督《かとく》争いのとき、義元と争って敗れ自刃《じじん》して果てた者である。つまり、玄広恵探の亡霊《ぼうれい》が出て、弟の義元に、「今度の出陣はやめた方がよい」と忠告をしたという内容である。

夢の中で恵探の亡霊をみたのは義元なのだから、義元が誰かにこの内容を話さなければ、この話が『当代記』に記されるはずはない。もっとも、この種の話というのは、義元がその後、思いもかけない形で信長に殺されているので、その結果から、こうした話が創作されたのかもしれない。それにしても、『当代記』がこうした話を収録しているのは異例のことで、義元死後、駿府周辺では、この種の話がかなり話題にとりあげられていたのかもしれない。

これと似たような話はいくつかあり、たとえば、鈴木覚馬《すずきかくま》著『嶽南史《がくなんし》』第二巻によると、今川家には真範《しんぱん》という僧の霊があり、今川家に凶事《きょうじ》がおこるときには、この僧があらわれる。永禄《えいろく》三年（一五六〇）五月の義元の出陣のときも、義元の軍勢が安倍《あべ》川を越えるときに真範があらわれて、義元の目をさえぎったという。

また、そのころ、駿府今川館の庭のあたりで、女の声で「熟し柿熟し柿なるみの果《はて》ぞ悲しけれ」と謡《うた》う声がして、そのあと、声をあわせて「あわれ悲しや」と泣く声が聞こえたという話もある。

もう一つ、今川館の詰《つめ》の城である賤機山《しずはたやま》城における白狐の話も伝えられている。この白狐は賤機山の主ともいうべきもので、その白狐が、義元の出陣の少し前に、みずから胸を裂《さ》いて死ぬという変事があり、人びとは、「今川家に不祥《ふしょう》事《じ》がおこるのではないか」とうわさしあったという。

桶狭間《おけはざま》における義元横死《おうし》という結果から作り出された話である可能性が高いが、何となく、義元の前途《ぜんと》を予言するエピソードとして興味深い。

さて、今川軍は十二日は藤枝《ふじえだ》に泊まり、翌十三日には掛川《かけがわ》まで進んでいる。掛川の宿所は掛川城だったと思われる。遠江《とおとうみ》は大きく四つに分かれる。北部山岳地帯を北遠《ほくえん》とよび、平野部・海岸部を東から東遠《とうえん》・中遠《ちゅうえん》・西遠《せいえん》とよんでいるが、中遠の中心になる城が掛川城であった。掛川城には今川氏の重臣筆頭《ひっとう》ともいうべき朝比奈《あさひな》氏がいた。

大永《たいえい》六年（一五二六）、義元の父氏親《うじちか》が制定した『今川仮名目録《いまがわかなもくろく》』の第三十二条に、

「三浦二郎左衛門尉・朝比奈又太郎、出仕《しゅっし》の座敷さだまるうへは、自余《じょ》の面々は、あながち事を定むるに不《およ》レ及《ばず》。見合てよき様に、相計らはるべき也《なり》」とあるように、重臣たちの中でも、三浦氏と朝比奈氏だけは別格の扱いをうけていた。「両家老」の家柄といってもよいであろう。

義元の時代においても朝比奈氏は重臣筆頭であり、したがって、掛川城は、今川領国遠江の要《かなめ》の城だったのである。

なお、義元率《ひき》いる本隊が掛川に到着した十三日には、先鋒はすでに天竜《てんりゅう》川まで達していた。さきに一部引用しておいたが、『伊《い》東《そく》法《ほう》師《し》物語《ものがたり》』によると、義元は天竜川畔の池田原において軍揃《いくさぞろえ》、すなわち閲兵式《えっぺいしき》を行ったということになっているが、これは疑問である。先鋒は先鋒で義元隊の二日前を進軍しており、天竜川畔でわざわざ閲兵式をやる必然性はないように思われる。

それにしても、旧暦五月十三日といえば、新暦の六月十六日にあたるわけで、ちょうど梅雨のシーズンである。ただでさえ水量の多い大井川や天竜川を渡るのは大変なことだったであろう。もちろん、橋は架かっていないし、船橋を架けたという記録もないので、二万五〇〇〇の軍勢は、それぞれ浅瀬をさがして徒歩で渡ったものと思われる。

翌十四日朝、義元本隊は掛川城を発して袋井《ふくろい》・磐田《いわた》を通り、天竜川を渡って引馬《ひくま》城（浜松市）に入った。『朝野舊聞裒藁《ちょうやきゅうぶんほうこう》』とか『三河記《みかわき》』などは浜松城に入ったとしているが、これはまちがいである。浜松城というよび方がされるようになるのはもっと後のことで、今川氏時代は引馬城でなければならない。

引馬という字もいく通りかの書き方があり、史料によって引間としていたり、曳馬としていたりまちまちである。どれでなければいけないというきまりがあるわけではないので、私は引馬という字で統一しておくことにする。

さて、その引馬城であるが、ここは、西遠《せいえん》の中心であった。引馬市《ひくまのいち》とよばれる市がたち、商品流通経済上の一大センターがあったところで、室町時代には、徳政一揆《とくせいいっき》によって引馬市の土倉《どそう》が襲われるという事態も発生しており（「東大寺文書」）、かなりのにぎわいがあったことがうかがわれる。

政治的にも西遠の中心で、今川氏の重臣飯尾《いのお》氏が引馬城に拠《よ》り、この地域を押えていた。当主は飯尾豊前守乗連《ぶぜんのかみのりつら》であると思われる。「と思われる」と、自信のない書き方をしたのは、乗連から子の連龍《つらたつ》への代替わりの時期がはっきりしていないからである。

乗連の存在は、弘治《こうじ》三年（一五五七）三月十日までは、山科言継《やましなときつぐ》の『言継卿記《ときつぐきょうき》』の記載によって確実であり、子の連龍の名前が出てくるのは永禄《えいろく》六年（一五六三）からなので、その間に家督《かとく》交替があったことは確実であるが、永禄《えいろく》三年の桶狭間《おけはざま》の戦いのときの当主名は、乗連なのか連龍なのか、いまひとつはっきりしないのである。江戸時代になって成立する徳川方史料には一様に「飯尾豊前守顕茲《あきしげ》」としているが、たしかな史料には顕茲という名乗りは一度もみえない。ここでは、『武徳編年集成《ぶとくへんねんしゅうせい》』などに飯尾顕茲としているのを飯尾乗連と考え、筆を進めていきたい。

さて、翌十五日朝、引馬城を出発した義元はその日の夕方には吉田《よしだ》城（愛知県豊橋市）に入った。いよいよ三河《みかわ》に入ったわけである。

五月十六日　義元、岡崎城に入る

五月十六日朝、吉田《よしだ》城を出発した義元《よしもと》は、その日の夕方には岡崎《おかざき》城に入った。いうまでもなく岡崎城は松平氏の本城であるが、この時点ではまだ今川氏の番城の一つであり、駿府《すんぷ》から義元の家臣が城代《じようだい》という形で交替でその任についていたので、義元としては、自分の城のつもりで入っている。この日、先鋒《せんぽう》はすでに池鯉鮒《ちりゆう》（知立）に達していた。

そして、翌十七日、義元本隊が池鯉鮒に至り、先鋒は、三河《みかわ》と尾張《おわり》の国境である境《さかい》川《がわ》を越えて尾張に侵入している。

もっとも、このときの今川軍には、「いよいよ国境を越えた」といった張りつめた気持はなかったものと思われる。というのは、大名領国には、古代以来の「国」概念とはちがう意識がむしろ支配的だったと考えられるからである。国境はあくまで観念上のものでしかなく、実質的に今川氏の力がおよんでいる範囲が今川氏にとっての

「国」、すなわち領国だったのである。

この時点で、少しずつではあるが今川氏の力が尾張の東部にまで浸透しはじめており、尾張の一部がすでに今川領国に組み込まれる形になっていたことをみておく必要があろう。

ある部分では今川色が濃厚であり、そこから先、今川色と織田《おだ》色がまじりあい、その先は織田色が濃厚になるというのが、この永禄《えいろく》三年（一五六〇）五月の時点における尾張の色分けであった。

この点をもう少し具体的にみると、沓掛《くつかけ》（豊明《とよあけ》市）あたりまでは今川色が濃厚な地帯であったとみることができよう。そこから先、鳴海《なるみ》城（名古屋市）と大高《おおたか》城（名古屋市）を結ぶ線までは、今川色と織田色がまじりあっている地帯であり、さらにそこから先は完全に織田色一色で塗られていたといえる。今川義元が織田信長《のぶなが》に討ち取られることになる桶狭間《おけはざま》というのは、まさに、今川色と織田色がまじりあう混沌《こんとん》とした場所であった点をここでは強調しておきたい。とにかく、今川軍は、いよいよ尾張に侵攻を開始していったのである。

今川軍二万五〇〇〇というのは事実か

今川軍の先鋒《せんぽう》が尾張《おわり》に侵攻を開始したところで、このときの今川軍の軍勢の数について検討を加えておきたい。ふつう、二万五〇〇〇といわれているが、「多すぎはしないか」と疑問に思うむきもあるし、また、史料によっては四万五〇〇〇としているものもあり、実際のところはどうだったのか、私なりの判断を示しておくことが必要と考えられるからである。

史料としての信憑性《しんぴょうせい》が高いことで定評のある『信長公記《しんちょうこうき》』は、「御敵今川義元は四万五千引率し……」と記し、このときの今川軍を四万五〇〇〇であったと理解している。小瀬甫庵《おぜほあん》の『甫庵信長記《ほあんしんちょうき》』も「義元四万五千騎の軍兵を引率して……」と、まったく同じ数を踏襲《とうしゅう》している。『信長公記』がただ「四万五千」としているのに、『甫庵信長記』が「四万五千騎」としているのは大きなちがいで、ふつう、一騎の騎馬武者に五～六人の歩卒《ほそつ》がつくので、四万五〇〇〇騎を文字通りというか額面通りにうけとめれば、今川軍の総勢は二二万五〇〇〇から二七万ぐらいになってしまい、まったく実態にそぐわない数になってしまう。『信長公記』のいう四万五〇〇〇としても多すぎるのではなかろうか。

合戦の場合、どうしても勝った方としてみれば、いかに少ない人数で相手を撃ち破ったか、誇大《こだい》に宣伝していく傾向がある。『信長公記』の筆者太田牛一《おおたぎゅういち》は、今川軍が四万五〇〇〇という多勢《たぜい》であったという伝承を記憶していたのであろう。織田方史料では、もっと多勢であったことを記す史料もある。たとえば、『道家祖看記《どうけそかんき》』などでは今川軍を六万余としている。その後の織田家で、「桶狭間《おけはざま》において六万の今川軍を討ち破った」といい伝えられていたことは事実だったようである。

では、今川方ではどのくらいの人数としていたのだろうか。今川義元の同盟者である北条氏康《うじやす》の関係では、『北条五代記《ほうじょうごだいき》』が二万五〇〇〇とし、同じく同盟者武田信玄《しんげん》の関係である『甲陽軍鑑《こうようぐんかん》』では二万余としている。つまり、今川方の史料では二万から二万五〇〇〇となっていたことが明らかである。

義元としては、戦う前から相手を圧倒するため、わざと多い数をいっていた可能性もある。それと、さきに述べたように、信長方としてみれば、勝利したあと、いかに少ない数で大軍を破ったかを宣伝する必要上、ことに数を水増しした可能性もある。実際のところは、二万から二万五〇〇〇という数が妥当《だとう》なところではなかろうか。

その論拠《ろんきょ》となるのは、近世の石高《こくだか》から動員兵力を計算する方法によっても、ほぼそれと同じ程度の軍勢の数がはじきだされるからである。近世大名の一般的な数値でいえば、一万石につき二五〇人の軍役《ぐんやく》ということで、これを今川氏にもあてはめるやり方である。

もっとも、戦国大名今川氏は石高制ではないので、今川領国を近世大名のように何万石という数字で表現するのはむずかしい。ただ、類推《るいすい》できる史料がないわけではない。時代が少し下がるが、豊臣秀吉《とよとみひでよし》が全国的に行った太閤検地《たいこうけんち》に基づいて「検地目録」というものが慶長《けいちょう》三年（一五九八）にできている（『大日本租税志』巻二五）。今川義元の時代からは三〜四〇年後のデータではあるが、参考にはなる。

それによると、関係する国々はつぎの通りである。

駿河《するが》　一五万石
遠江《とおとうみ》　二五万五一六〇石
三河《みかわ》　二九万七一五石
尾張《おわり》　五七万一七三七石

このうち、駿河・遠江・三河の三か国は文句なく今川領国となっているが、尾張をどのように今川氏と織田氏で配分するかが問題となる。仮に信長が二、義元が一、すなわち三分の二が信長で三分の一が義元だったとすると、織田領は尾張において約三八万石ということになり、義元は、駿河・遠江・三河の三か国と尾張の一部で合わせて八九万石となる。おそらく両者のちがいはそのくらいであったろう。一万石について二五〇人の軍役で計算すると、今川軍は最低でも二万二〇〇〇人ということになり、ふつうにいわれている今川軍二万五〇〇〇という数値に近い。永禄《えいろく》三年（一五六〇）の時点で、今川義元は、二万五〇〇〇の大軍を率《ひき》いていたのは事実であったろう。

ただ、この今川軍二万五〇〇〇をすべて武士と考えると大まちがいである。武士は一割ぐらいで、あと残りの九割は農民であった。つまり、二万五〇〇〇の大軍といっても、侍は二〇〇〇ほどにすぎず、圧倒的大多数の二万三〇〇〇ほどは農民が陣夫《じんぷ》として動員されていたのである。これは、兵農未分離状況の戦国大名すべてに共通することではあるが、今川軍二万五〇〇〇といわれるものの実態をうかがううえで、この事実は直視しておく必要がある。

しかも、「陣夫の負担が重い」といって、農民たちが郷村《ごうそん》から逐電《ちくでん》している事実もあり（「森竹兼太郎所蔵文書」）、今川軍はよくいわれるように〝威風堂々《いふうどうどう》〟尾張に乗り込んでいったというのとは少し様相がちがっていたのではないかと考えられる。

なお、あとでくわしく検討するが、義元が尾張侵攻を企《くわだ》てたのは、この永禄《えいろく》三年五月がはじめてというわけではなかった。しかし、永禄三年五月の侵攻がもっとも大がかりだったことはいうまでもない。では、義元は、いつごろから大がかりな尾張侵攻を計画していたのであろうか。

この点でまず注目されるのは、前年、永禄二年（一五五九）三月二十日付で、義元が七か条の軍令、すなわち戦場掟書《おきてがき》を定めていることである。現在のところ同文で「青木文書」と「松林寺文書」の二通の存在が知られているが、全文を読み下しにして示しておこう。

定

一、兵粮《ひようろう》ならびに馬飼料《うまかいりよう》、着陣の日より下行《げぎよう》たるべき事、

一、出勢の日次相違《そうい》なく出立せしめ、奉行《ぶぎよう》次第その旨《むね》を守るべき事、

一、喧嘩《けんか》口論仕出候はば、双方其罪遁《のがれ》間鋪《まじき》事、

一、追立夫《おいたてふ》押買狼藉有《ろうぜきある》間鋪《まじき》事、

一、奉公人先主え暇《いとま》を乞わず主取仕《つかまつ》り候はば、見付次第当主人え相届け、その上をもって急度《きつと》申し付くべし、又、届けこれありて、奉公人逃し候はば、当主人越《おち》度《ど》たるべき事、

一、城囲の時、かねて相定むる攻手の外停止《ちょうじ》の事、
一、合戦出立先陣後陣、奉行の下知《げち》を守るべき事、
　　以上
　永禄二年三月廿日　　治（今川義元）部大輔（花押）

久保田昌希氏は、この文書の内容には疑問があるとしている（「今川義元桶狭間《おけはざま》出陣の真相」『歴史と人物』一九八一年三月号）。私も、すでに『今川仮名目録《いまがわかなもくろく》』で喧嘩《けんか》両成敗《りょうせいばい》は規定されているのに、あえて戦場掟書の第三条に同じことを記していること、さらに、両文書に記されている義元の花押《かおう》が、この段階の義元の花押とは似ても似つかわないものであることから、この戦場掟書に全幅《ぜんぷく》の信頼を寄せることは危険であると考えている。

仮に、この文書だけだったとすれば、「永禄二年から翌年出陣のための準備をしていた」といい切ることはむずかしかったかもしれない。

しかし、幸いなことに、永禄二年の時点で、すでに翌年の大動員を意図していたことを示す文書がもう一通あった。

当国（朱印、印文「調」）において滑皮二拾五枚、薫皮二拾五枚の事、右、来年買うべき分、相定むるごとく、員数只今《ただいま》急用たるの条、非分なき様申し付くべき者也《なり》、仍《よ》って件《くだん》のごとし、

永禄二年

八月八日

大井掃部丞殿

この「七条文書」(読み下しにした) からうかがわれるのは、本来なら来年上納《じようのう》させる滑皮と薫皮を「急用」のために至急納入させたという点である。

皮は軍需品《ぐんじゆひん》として不可欠なもので、今川氏は来年の大動員を前にして、軍装の準備に必要な皮を先取りしようとしていたことがわかる。つまり、「急用」とは、来年出陣のためという意味が秘められていたことが確実である。さきの戦場掟書が偽文書《ぎもんじよ》だったとしても、この「七条文書」が語る事実はまちがいないものであった。義元は、前年にはすでに、尾張《おわり》への大動員を計画していたことが明らかである。

出陣のねらいは上洛か尾張奪取か

ところで、永禄《えいろく》三年（一五六〇）五月、義元《よしもと》が二万五〇〇〇の大軍を率いて尾張《おわり》に侵攻したねらいは何だったのだろうか。よく、「かねてからの念願であった上洛《じょうらく》」とか「制覇《せいは》の旗を京都にうち立てるための上洛」といったいい方がされるように、このときの出陣は、尾張《おわり》の信長《のぶなが》を倒し、その勢いで上洛しようとしていたと解するのが一般的であり、義元上洛論が通説となっていた。

たしかに、諸大名のこの時点での動きや力関係からみると、義元が一番有利な条件を備えていたことはまちがいない。義元は、甲斐《かい》の武田信玄《しんげん》、相模《さがみ》の北条氏康《うじやす》との間に、甲相駿《こうそうすん》三国同盟を結んでおり、文字通り後顧《こうこ》の憂《うれ》いなく駿河《するが》を留守にすることができたし、京都までの道のりをみれば、尾張の織田信長、美濃《みの》の斎藤義龍《よしたつ》、近江《おうみ》の六角承禎《ろうかくじょうてい》がいるだけであり、武田信玄・北条氏康・上杉謙信《けんしん》らとくらべてみても、はるかに有利であり、上洛の最短距離にあったことはまちがいない。

また、軍事行動をおこす直前の義元の三河守《みかわのかみ》任官も上洛論の論拠とされてきた。つまり、上総介《かずさのすけ》から治部大輔《じぶだゆう》となり、治部大輔から三河守となったことは、同じコースをたどって将軍になった足利尊氏《あしかがたかうじ》と共通するというのである。しかも、今川氏は、足利一門であり、一般には「御所（足利将軍家）が絶えれば吉良《きら》が継ぎ、吉良が絶えれば今川が継ぐ」という継承順序が口にされており、足利将軍家の威令《いれい》が劣え、吉良氏の力もそう大きくない状況で、義元が、「自分こそ足利将軍家を再興しうる者」と考えたとしても不思議ではないという判断である。そのため、このときの出陣を、「上洛することが目的だった」とし、「信長との戦いは、あくまで、その途中の一戦闘にしかすぎなかった」というのが考え方としては大勢を占めているといってよいであろう。

たしかに、義元が五月十九日に桶狭間《おけはざま》で死んでしまったため、義元が何を考え、何を真の目的として出陣したのかは永遠の謎となってしまったわけであるが、最近、上洛論ではなく、別な考え方も提起《ていき》されるようになってきた。ここでそれらの諸説を紹介し、あわせて私なりの考え方を示しておくことにしよう。

たとえば、久保田昌希氏は、今川氏の三河《みかわ》関係文書の発給《はっきゅう》数を問題とし、東三河における文書数にくらべ、西三河の文書数が極端に少ないことを指摘し、東三河の領国化に成功していても、西三河はまだだったのではないかという問題点を提示した上で、つぎのように結論づけている。

……永禄三年五月八日義元は三河守に任官した。三河における最高の支配者となったわけであり、ここに三河一国を完全に掌握《しょうあく》しようとする名目的契機《けいき》がおとずれたのである。したがって義元の目指したものは上洛ではなく、むしろ三尾《さんび》国境付近におよぶ大規模な示威《じい》的軍事行動ではなかったろうか（『戦国大名今川氏の三河侵攻』『駿河の今川氏』第三集）。

戦国時代の三河にくわしい久保田氏の説だけあって説得力のある説である。しかし、この久保田説に若干《じゃっかん》の疑問がないわけではない。というのは、今川氏発給文書が西三河に極端に少ないのは、そこに松平氏が介在《かいざい》しているからと考えられるからである。義元としては、ある程度、松平氏の支配権を認めており、永禄三年（一五六〇）の時点で、三河が完全に今川氏によって掌握されていなかったとみることはできないのではなかろうか。

事実、「仮名目録追加」の末尾につけられている「定十三ヵ条」の第一条目では、「毎月評定《ひょうじょう》六ケ日。二日、六日、十一日者《は》、駿・遠両国之公事《くじ》を沙汰《さた》すべし。十六日、廿一日、廿六日は三州之公事を沙汰すべし」とあり、三河も駿河《するが》、遠江《とおとうみ》なみに今川領国として意識されていたことが明らかである。したがって、三河の完全掌握がねらいというよりは、もう一歩進んで、尾張《おわり》の領国化をはかろうとしたとみるべきではないかと考えている。それにしても、久保田氏のいう義元の目指したものは上洛ではないという結論は大きな意味をもっていたといえよう。この点についてはあとで、もう一度とりあげたい。

ところで、私は、尾張侵攻、尾張奪取《だっしゅ》がねらいだったと考えたが、もう一人、藤本正行氏の考え方を紹介しておこう。

藤本氏は「異説・桶狭間《おけはざま》合戦」（『歴史読本』一九八二年七月号）において、桶狭間の戦いは、当時としてはごく平凡な、群雄《ぐんゆう》間の境界争いの結果としておきたローカルな事件であったとし、「この時点で義元にとっての喫緊事《きっきんじ》は、鳴海《なるみ》・大高《おおだか》両城への補給と、織田方封鎖の排除であった。もちろん、その過程において、有利な条件で信長を捕捉《ほそく》できれば、決戦も辞さなかったであろう」と結論づけている。

従来の通説ともいうべき上洛論に対し、こうして非上洛論が浮上してきたわけであるが、近世成立の史書にはどのように描かれていたのであろうか。義元自身が出陣のねらいを何らかの形にしろ残していない以上、義元の時代に近いものからみていくことが必要であろう。

藤本氏は、上洛論は、小瀬《おぜ》甫庵《ほあん》の『甫庵信長記《ほあんしんちょうき》』の創作だという。

その『甫庵信長記』には、

爰《ここ》に今川義元は、天下を切《きり》て上り、国家の邪路を正んとて、数万騎を率し、駿河国を打立しより、遠江三河をも程なく切したがへ、恣《ほしいまま》に猛威を振ひしかば、当国智《ち》多《た》郡、弱兵共は、豫参の降人に成たりし者どもも多かりければ、信長卿よりも、鳴海近辺数箇所取出《とりで》の要害を拵《こしらえ》させ給ふ。

とあり、「天下へ切て上り、国家の邪路を正んとて……」ということは、上洛の意思をもっていたことを物語っているとする。

なお、久保田昌希氏は、上洛論のルーツは寛永《かんえい》十四・五年（一六三七・八）の島原の乱直後の成立とされる『松平記《まつだいらき》』ではないかという（「今川義元桶狭間出陣の真相」『歴史と人物』一九八一年三月号）。『松平記』には、

急き尾州《びしゅう》へ馬を出し、織田信長を誅伐《ちゅうばつ》し、都《みやこ》へ切て上らんとて、永禄《えいろく》三年五月、愛智郡へ発向す、……

とある。

その他では、『伊東法師物語《いそくほうしものがたり》』が『甫庵信長記』のうけうりで、「今川義元卿天下え切て登《のぼり》国家の邪路をたゝさんとて……」とし、『改正三河後風土記《みかわごふどき》』も、「義元かく

と聞、さらば其信長を討亡し、京都に旗押立《おしたて》、天下を一統せんと思い立、兼て鳴海・笠寺等の城々へは軍兵を籠置《こめおき》ぬ」と記している。

ところが、同じく近世成立の史書でも、史料としての信憑性《しんぴょうせい》が高い『信長公記《しんちょうこうき》』や『三河物語《みかわものがたり》』などには、上洛をイメージさせるような言葉がみあたらないのである。これはきわめて象徴的なことではなかろうか。

良質の史料に「義元のねらいは上洛であった」ということが出ず、あまり良質でない史料にのみ「京都に旗を立てようとした」などと出てくるのでは、歴史家の立場からいえば、非上洛論を主張せざるをえない。

歴史のダイナミズムといった点では、上洛途上の義元を、信長が奇襲《きしゅう》で破ったといった方が強い印象を与えることになろうが、ここはやはり史実に忠実に、義元の出陣のねらいは上洛ではなかったととらえておきたい。尾張に領国を拡大していく戦いの一つであった。

しかし、歴史は流動的である。もし、義元の側に運があって、信長を倒すような事態になれば、話は変わっていたかもしれない。その勢いで美濃《みの》・近江《おうみ》を押し通り、上洛していたかもしれないのである。

もっともこの場合も、美濃の斎藤義龍《よしたつ》、近江の六角承禎《ろくかくじょうてい》を撃ち破っての上洛というのではなく、ただ通過する形であったろう。ちょうど、上杉謙信《けんしん》が永禄《えいろく》二年（一五五九）に五〇〇〇の主力を率いて上洛したのと同じである。

このとき、謙信は、「京都に旗を立てよう」とか、「衰えた将軍足利義輝《あしかがよしてる》にとってかわろう」などとは考えていない。むしろ、将軍家を盛り立て、警固のために上洛しているのである。仮に、永禄三年五月、義元が上洛したとしても、このときの上杉謙信と同じ形だったのではなかろうか。

どうしても私たちは、「戦国大名」というものは皆、「京に上り、天下に号令しようとしていた」という先入観にとりつかれてしまっている。「それが戦国大名だ」という意識に支配されてしまっている。しかし、果たしてそうなのだろうか。

信長が実際に、上洛―将軍追放―天下統一というプログラムを演じてみせてくれたため、その後の人びとは、信長がやってみせたことが、すべての戦国大名の願望だったかのような錯覚に陥《おちい》ってしまっている。ところが、実際問題、戦国大名の中には、さきにみた上杉謙信のように、衰えつつある足利将軍家を盛り立てるのを至上命令と考えていた者もあったし、関東の後北《ごほうじょう》条氏のように、上洛とか天下統一など考えず、関八州《かんはっしゅう》という一つの世界、一つの国家を樹立しようとしていた者も存在したのである。

私は、永禄三年五月の義元の出陣を、西尾張《おわり》の奪取《だっしゅ》をねらった出陣であったとする。

［今川氏系図］

今川氏は足利氏の流れを汲み、国氏のとき三河国幡豆郡今川庄に居住。その名をとって今川氏と称した。

範国のときに南北朝の動乱が起こり、足利尊氏に属して戦功をあげ、一躍、遠・駿の守護にのし上がった。

氏親の代に「今川仮名目録」を制定、戦国大名としての地位を確たるものとした。

その子氏輝が二十四歳の若さで死ぬと、家督争いがもちあがり、恵探派と、栴岳承芳（義元）派に分かれたが、花倉の乱で決着がつき、義元の全盛を迎えることとなる。

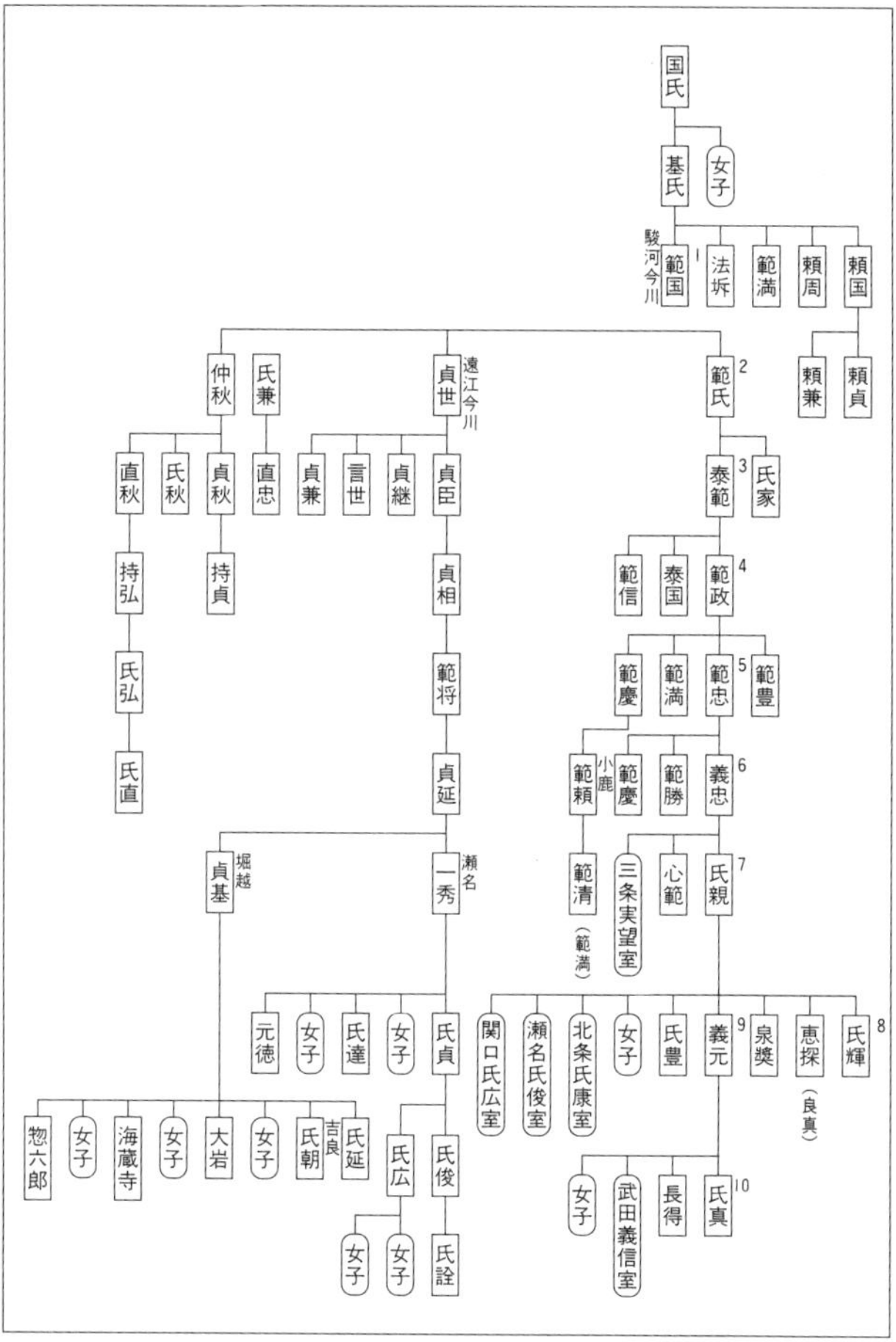
国氏
基氏
女子
頼国
頼周
範満
法坼
1 範国
駿河今川
頼貞
頼兼
2 範氏
貞世
遠江今川
氏兼
仲秋
氏家
3 泰範
貞臣
貞継
言世
貞兼
直忠
貞秋
氏秋
直秋
4 範政
泰国
範信
貞相
持貞
持弘
範豊
5 範忠
範満
範慶
範将
氏弘
6 義忠
範勝
範慶
小鹿
範頼
貞延
氏直
7 氏親
心範
三条実望室
範清
（範満）
瀬名
一秀
堀越
貞基
8 氏輝
恵探
（良真）
泉奨
9 義元
氏豊
女子
北条氏康室
瀬名氏俊室
関口氏広室
氏貞
女子
氏達
女子
元徳
10 氏真
長得
武田義信室
女子
氏俊
氏広
氏詮
女子
女子
氏延
吉良
氏朝
女子
大岩
女子
海蔵寺
女子
惣六郎

●コラム●少年時代の今川義元

義元《よしもと》は桶狭間《おけはざま》の戦いで、「カッコ悪い」死に方をしたこともあって、後世の評判は芳《かんば》しくない。たとえば、『武功雑記《ぶこうざつき》』などでは、「今川義元、足短く胴長で障害者であったので、臨済寺《りんざいじ》の喝食《かつじき》に致し置かれた」などと、少年時代のことまで悪《あ》しざまに書かれてしまっている。ここに臨済寺とあるのは善得寺《ぜんとくじ》のまちがいであるが、それ以上に、「障害者だったから寺に入れられた」という認識の誤りの方が罪は大きい。以下、少年時代の義元についてみておくことにしよう。

義元は永正《えいしょう》十六年（一五一九）の生まれである。もっとも、その年に生まれたということを示すたしかな史料はなく、永禄《えいろく》三年（一五六〇）に死んだときの年齢が四十二歳だったということから逆算したものである。ふつう、今川氏親《うじちか》の三男とされているが、永正十六年誕生にまちがいないとすれば、三男ではなく五男である。少なくとも義元の上に、氏輝《うじてる》・彦五郎・玄広恵探《げんこうえたん》・象耳泉奘《しょうにせんしょう》の四人の兄がいた。兄のうち二人は、玄広恵探・象耳泉奘という名前からも明らかなように、仏門に入れられていた。そして義元自身も、父親氏親のはからいで富士郡の善得寺という臨済宗《りんざいしゅう》の寺に入れられたのである。

寺に入れられたのは、『武功雑記』がいうように障害者だったからではない。当時、子どもに学問を身につけさせようとすれば、寺に入れ、高僧から知識を与えさせるのが最善の方法だったからであり、また、このときの義元兄弟のように、兄弟が何人かいると、家《か》督《とく》争いが起こる可能性があり、父親としては、家督継承予定の子ども以外を寺に入れるということが日常的に行われていたのである。

仮に家督の子が死んでしまっても、寺に入れられている子どもがそれにかわることができた。つまり、家督予備軍だったといってもよい。事実、義元の場合は、そのことの典型例でもあった。

義元は、幼名を芳菊丸《ほうぎくまる》といった。氏親は芳菊丸の養育者として、当時、京都の建仁寺《けんにんじ》で修行中だった九英承菊《きゅうえいしょうぎく》をみこんだ。九英承菊は駿河《するが》にもどって芳菊丸をともない善得寺に入った。大永《たいえい》二年（一五二二）か翌三年のことで、大永二年とすれば、芳菊丸四歳のときである。ちなみに、養育係の九英承菊は二十七歳、これがのちの太原崇孚《たいげんすうふ》、すなわち雪《せっ》斎《さい》である。

芳菊丸は享禄《きょうろく》三年（一五三〇）秋から翌年二月までの間に得度《とくど》し、梅岳承芳《せんがくしょうほう》とよばれ、その後、雪斎と一緒に京都に上り、建仁寺に入った。意外なことに、少年時代の義元は京都で生活していたのである。

建仁寺からさらに妙心寺《みょうしん》に入って修業を続け、大休宗休《たいきゅうそうきゅう》禅師のもとで修業をつみ、天文《てんぶん》四年（一五三五年）、雪斎とともに善得寺にもどっている。ここで梅岳承芳は、喝食となっているのである。何ごともおこらなければ、梅岳承芳は高僧の道を歩んだであろう。事実、すぐ上の兄象耳泉奘は、京都泉涌《せんにゅう》寺六十九世、奈良唐招提寺《とうしょうだいじ》五十七世となっている。

ところが、歴史はどうころぶかわからないもので、天文五年（一五三六）三月十七日、家督を継いでいた氏輝と、そのすぐ下の彦五郎の二人が、同じ日に突如《とつじょ》死んでしまった。残された弟のうち、象耳泉奘はどうしたわけか家督争いを降りており、結局、玄広恵探と梅岳承芳の二人が争うことになったのである。

ただ、玄広恵探の母が氏親の側室《そくしつ》、梅岳承芳の母が正室《せいしつ》だったというちがいがあり、家臣団の多くは梅岳承芳の側についた。その間、承芳の養育係である雪斎が動いたことは十分想像されるところで、最終的には、玄広恵探は追いつめられる形で花倉城に籠《こも》って抵抗したが、梅岳承芳の軍勢に攻められ、自刃してしまった。

梅岳承芳は還俗《げんぞく》し、義元を名乗った。義元十八歳のときである。ここに義元―雪斎ラインによる政治がスタートしたわけである。

第二章 尾張に侵入する義元

五月十八日　義元、沓掛城に入り、軍議を開く

五月十八日、池鯉鮒《ちりゅう》をたった義元《よしもと》本隊は三河《みかわ》・尾張《おわり》の国境である境川《さかいがわ》を越えて尾張に侵攻した。もっとも、このころは、『三河物語《みかわものがたり》』にも、「年ニ五度三度ヅヽ、駿河《するが》より尾張之国え蕣《はたらき》にて有」と記されているような状況で、今川《いまがわ》軍としては、「ついに国境を越えた」といった緊張感はなかったかもしれない。義元本隊は沓掛《くつかけ》城（豊明《とよあけ》市沓掛）に入った。

沓掛城の城主は近藤景春といって、はじめ松平広忠《ひろただ》の家臣であったが、織田信秀《のぶひで》の力が強大になるとともに信秀に属し、信秀死後、西尾張の武将たちが今川方につくようになったとき、近藤景春もあわてて義元の麾下《きか》に属している。強大勢力にはさまれた地域の国人《こくじん》や土豪《どごう》たちの身の処し方としては当然の対応だったのである。義元はこの近藤景春の城であった沓掛城にひとまず入り、そこで軍議、すなわち最後の軍評《いくさひょう》定《じょう》を開いている。

いま私は「最後の軍評定」と書いてしまったが、これは、つぎの日十九日に義元が討死《うちじに》してしまったためにそうなっただけであって、義元自身は、それを最後の軍評定にしようなどと考えていたわけではない。たまたま結果的に最後の軍評定になってしまっただけである。

『朝野舊聞裒藁《ちようやきゆうぶんほうこう》』に「十八日、今川義元池鯉鮒より尾張国沓掛に至り、諸将をあつめて軍議あり」とみえ、『桶狭間合戦記《おけはざまかっせんき》』にも「十八日、義元池鯉鮒より沓掛に着陣し、諸将を集め軍議ありて……」とあり、十八日に、沓掛城中で義元が軍評定を開いたことは事実だったと思われる。しかし、どの史料も、軍議が何時ごろ開かれたかは記していない。

ただ池鯉鮒から沓掛までは一〇キロほどしか離れておらず、池鯉鮒を朝早く出発すれば、昼ごろには沓掛城に到着していた可能性がある。その後の各部隊の動きなどをみても、昼間、軍議が行われ、その日のうちにそのまま各自の持ち場に散っていったとみるのが自然ではなかろうか。

このときの軍議のねらいは、今川軍の部署の確定であった。もちろん、駿府《すんぷ》にいる間にも何回か軍議が開かれ、かなりこまかいところまで相談がなされていたであろうが、実際に尾張に駒を進めた段階でその最後の確認と、信長軍の対応にともなう若《じやつ》干《かん》の軌道《きどう》修正がはかられたのであろう。

では、五月十八日の沓掛城における最後の軍議で、どのような作戦を練ったのだろうか。くわしいことは不明であるが、そのあとの展開からすると、一つ確実なのは、大高城《おおだか》（名古屋市緑区大高町城山）への兵糧《ひようろう》入れであろう。それともう一つは、各人の部署の再確認であったと思われる。義元本隊が何日にはどこの城まで進むかということも想談されたものと思われるが、たしかな史料がなく、不明というしかない。

では、今川軍の部署はどう決められたのかをつぎにみておくことにしよう。永禄《えいろく》三年（一五六〇）以前に調略《ちようりやく》などで奪ったところを含めると、尾張のかなり奥深くまで今川氏の勢力がおよんでいたことがうかがわれる。ここではまず、『信長公記《しんちようこうき》』によってたしかめておこう。

『信長公記』首巻に、今川義元が鳴海《なるみ》城主の山口左馬助《さまのすけ》を調略によって味方にしたあと、今川方から送りこまれた城砦《じようさい》の守将名を列挙した部分があり、

一、鳴海の城には子息山口九郎二郎を入置き、

一、笠寺《かさでら》へ取手《とりで》・要害を構へ、かづら山・岡部五郎兵衛・三浦左馬助・飯尾豊前守《いのおぶぜんのかみ》・浅井小四郎、五人在城なり。

一、中村の在所を拵《こしらへ》、父山口左馬助楯籠《たてこもる》。

とみえる。

あとでくわしくふれるが、鳴海城の山口父子は信長《のぶなが》の巧みな離間策《りかんさく》にかかって殺されてしまい、永禄三年の時点では、鳴海城に岡部五郎兵衛元信《もとのぶ》が入っていた。少なくとも、これは確実である。

笠寺《かさでら》の要害に入っていたという浅井小四郎政敏《まさとし》は、沓掛城の守備を命ぜられている。一五〇〇の兵がさかれていることからみても、今回の作戦において、沓掛城がそれなりに大きな意味をもっていたことがうかがわれる。

『甫庵信長記《ほあんしんちょうき》』に、「笠寺には、義元が兵葛山播磨守《かづらやまはりまのかみ》、岡部五郎兵衛、三浦左馬助、飯尾豊前守、浅井小四郎、彼等五人を入置きたり」と、永禄三年五月十八日の時点で、この五人が笠寺の砦《とりで》を守っていたとしているが、これはまちがいである。なお、同書は、五月十八日、大高城への兵糧入れが終ったあと、軍議を開いたとしているが、時間的経過からみて納得できない。

一時期、今川氏の力が押したとき、笠寺の付近に砦や要害を構え、『信長公記』がいうように、葛山《かずらやま》氏・岡部五郎兵衛・三浦左馬助・飯尾豊前守・浅井小四郎の五人が守備についたことはあったかもしれないが、それが、永禄三年五月十九日の桶狭間の戦いの日まで継続していたとみることはできないのではなかろうか。

桶狭間の戦いに関係する本をみると、必ずといってよいほど、笠寺のあたりに、清《きよ》須《す》方面攻撃の前衛《ぜんえい》として葛山信貞《のぶさだ》隊五〇〇〇がいたと記しているが、私はこれにも疑問をもっている。笠寺には、葛山信貞に率いられた五〇〇〇の今川軍はいなかったのではなかろうか。

何よりも、天文《てんぶん》末～永禄初年の今川氏関係のたしかな史料に、葛山信貞という部将の名は一度もでてこない。葛山氏は静岡県裾野《すその》市葛山の葛山城を本拠とする駿東《すんとう》郡きっての名族であるが、桶狭間の戦いのころの当主は葛山氏元《うじもと》であり、この氏元が没落したあと、武田信玄《しんげん》の六男信貞が葛山の名跡《みようせき》をついで葛山信貞を名乗っているが、時代はだいぶずれている。『信長公記』にただ「かづら山」とあったのを『甫庵信長記』が「葛山播磨守」とし、それを葛山信貞にしてしまったものだろう。

それともう一つは、五月十九日、清須城をうって出た信長の軍勢が、笠寺の付近を通過しているにもかかわらず、葛山信貞隊がそれに気がついていないというのも不思議である。笠寺には葛山信貞隊といわれる五〇〇〇もの軍兵はいなかったのではなかろうか。

鳴海城の岡部五郎兵衛が確実だったことはすでにみた通りであるが、もう一人確実視されるのは、大高城に鵜殿長照《うどのながてる》を入れたことである。『三河物語』には、「沓懸《くつかけ》・成《なる》見《み》・大高ヲバ取て勿《もち》タレバ、沓懸之城にハ、駿河《するが》衆入番有リ。成見之城ヲバ岡部之五郎兵衛ガ居タリ。大高にハ、鵜殿長勿（持）番手に居タリ」と記されているが、「正行院過去帳」によると、鵜殿長持は弘治《こうじ》二年（一五五六）九月十一日に死んでいることが確実なので、桶狭間の戦いのときの鵜殿氏の当主はその子長照《ながてる》であった。長持の妻は義元の子氏真《うじざね》と従兄弟《いとこ》であった。

ところで、桶狭間の戦いを扱った本の多くは、人名・地名を先行研究そのままに踏《とう》襲《しゅう》しているため、まちがいがかなりみられる。大高城の城将を鵜殿長照とせず長持とする例などはその一つであるが、たとえば、鷲津《わしづ》砦を攻めた朝比奈泰朝《あさひなやすとも》のケースも同じである。

これまでの先行研究では、鷲津砦を攻めた部将の名を朝比奈泰能《あさひなやすよし》としている。しかし、朝比奈泰能は弘治三年（一五五七）に歿している。当然、泰能ではなく、その子泰朝とすべきであろう。

今川義元と尾張

ところで、さきに一部引用したように、『三河物語《みかわものがたり》』では「年ニ五度三度ヅヽ駿河《するが》より尾張《おわり》之国え 荂《はたらき》にて有」としているが、義元《よしもと》による尾張侵攻は、いつごろから、どのように進められたのであろうか。永禄《えいろく》三年（一五六〇）五月の侵攻の意味を考えるためにも、前史をここで整理しておくことにしよう。

天文《てんぶん》二十年（一五五一）、織田信秀《のぶひで》が歿して信長《のぶなが》が家督《かとく》を継いだが、家督継承直後の混乱をねらって翌天文二十一年、義元の軍勢が尾張に侵攻し、沓掛《くつかけ》で信長軍と戦いのあったことが『朝野舊聞裒藁《ちょうやきゅうぶんほうこう》』にみえる。すなわち、

今川義元、尾張国沓掛にて織田信長と戦ふ、此時、植村《うえむら》出羽守《でわのかみ》某討死す、

と記し、その典拠《てんきょ》とし、「寛永植村出羽守某譜」と「貞享植村右衛門佐書上」をあげている。しかし、この戦いについての詳細は不明である。桶狭間《おけはざま》の前哨戦《ぜんしょうせん》とするには、戦いの規模は小さすぎたといえよう。

さて、翌天文二十二年（一五五三）の村木砦《むらきとりで》をめぐる攻防戦は、ある意味では桶狭間の前哨戦とよべそうである。義元は、刈谷《かりや》・緒川《おがわ》方面に勢力をもつ織田方の水野氏に備え、知多《ちた》半島東北部にあたる村木（愛知県知多郡東浦《ひがしうら》町森岡字取手）に砦を築き、松平甚太郎家忠に守らせていた。「寛永高木主水助清秀譜」などを典拠に、この村木砦を信長が天文二十二年に攻めたといわれている。

ただ、戦いのあった年については異説もあり、天文二十三年一月二十三日ともいい、この点ははっきりしない。

ついで弘治《こうじ》元年（一五五五）八月三日には蟹江《かにえ》城（愛知県海部《あま》郡蟹江町）の戦いがある。この戦いの模様は、戦いに松平勢が多数加わっていたこともあり、『朝野舊聞裒藁』『松平《まつだいら》記《き》』などにくわしい。それらによると、松平和泉守親乗《いずみのかみちかのり》が先手《さきて》となって攻撃し、城を落としている。特に大久保新八郎忠勝《ただかつ》らの戦功が目立ち、〝蟹江七本槍〟などといわれたという。

信長との戦いに岡崎衆が先鋒《せんぽう》をつとめさせられていたという事実と、この時期、今川氏の力が伊勢湾の西の海西郡にまでおよんでいた事実がうかがわれ、その意味からも注目される戦いであった。

これらの戦いは、いずれも武力衝突《しょうとつ》による今川氏勢力の尾張浸透であったが、義元は武力侵攻以外にも調略《ちょうりゃく》、すなわち勧降《かんこう》工作によって織田氏家臣団の懐柔《かいじゅう》を進めている。その結果が戸部新左衛門《とべしんざえもん》や山口左馬助《さまのすけ》らの寝返りであるが、これらについては、あとで信長の離間策《りかんさく》としてまとめてみることにしよう。

ところで、桶狭間の戦いの前哨戦としてもう一つ注目されるのは、永禄《えいろく》元年（一五五八）三月の品野《しなの》城（瀬戸市上品野町秋葉山）の戦いである。品野城は尾張国春日井《かすがい》郡にあり、尾張もかなり奥に入った城で、庄内《しょうない》川・矢田《やだ》川方面から、ずっと守山《もりやま》・末《すえ》森《もり》・清須《きよす》方面までうかがうことができ、信長方にしてみれば邪魔な城であった。この城に今川方の岡崎衆の一人、松平監持家次《けんもついえつぐ》が入っていたのである。松平家次は、いわゆる十八松平の一つ桜井松平の家である。

信長は品野城に対《たい》の城を築き機会をうかがっていたが、かえって品野城の城兵に攻められ大敗を喫している。『松平記』に、

永禄元年三月、尾州科野《びしゅうしなの》城に駿河より松平勘四郎大将にて三百にて籠《こも》る、又、笠寺に駿河衆葛山備中守・三浦左馬助・飯尾豊前・浅井小四郎四百余人にて籠る、然処《しかるところ》に尾州衆科野の城に付城《つけじろ》を拵《こしらえ》、日々夜々のせり合也《なり》、或時《あるとき》、松平勘四郎、城より時分を見て夜討《ようち》に寄《よせ》、尾州衆、付城の大将竹村孫七・磯田《いそだ》金平・戸崎平九郎・瀧山伝三四人を初め、よき者五十余人討取《うちとり》、無比類高名《ひるいなきこうみょう》致し、義元御父子より松平勘四郎

に感状給《たまわ》る、

と記されている。ここで科野城とあるのは品野城のことで、『朝野舊聞裒藁』は、戦いのあったのを『家忠日記増補』などによりつつ永禄元年三月七日のこととしている。

こうして、年とともに義元の勢力圏が尾張の奥深くまで入りこむ形となり、永禄三年の桶狭間の戦い直前には、今川氏の勢力は尾張八郡のうち、海西《かいさい》と知多《ちた》郡の二つにまでのびていたのである。そのあたりの状況を『信長公記』はつぎのように伝えている。

上総介《かずさのすけ》信長、尾張国半国は御進退たるべき事に候へども、河内一郡は二の江の坊主服部左京進押領《おうりよう》して御手に属さず。智多郡は駿河より乱入し、残りて二郡の内も乱世の事に候間、慥《たしか》に御手に随《したが》はず。此式《このしき》に候間、万御不如意千万《よろずごふによいせんばん》なり。

ここにみえる「河内一郡」というのは海西郡のことで、少なくとも、海西、知多の二郡は織田領ではなく、今川領に組みこまれていたことが確実である。しかし、信長領を「尾張国半国」と表現することはどうなのだろうか。この『信長公記』の記述だと、信長が支配できたのは、尾張八郡の半分の四郡であり、その四郡のうちの二郡が今川氏に押領《おうりよう》され、織田領は海東《かいとう》郡と愛知《あいち》郡の二郡にすぎなかったということになってしまう。

これは事実に反している。永禄《えいろく》三年五月、信長が義元を迎え撃ったときには、信長の力はもう少し大きくなっていたはずである。そこで、つぎに立場をかえ、織田側の動きについて整理を試みたい。

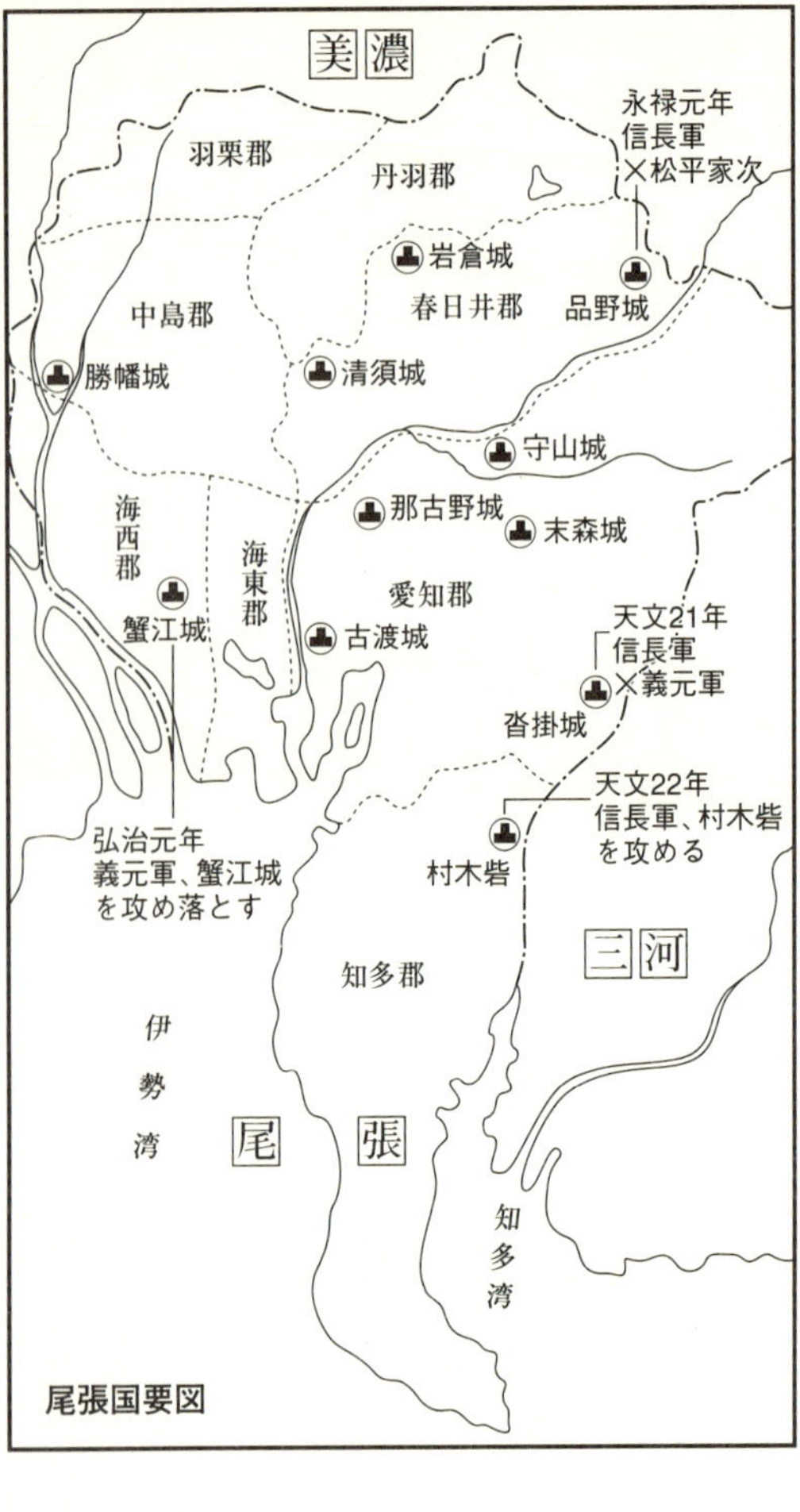

尾張国要図

信秀・信長父子による尾張統一の戦い

周知《しゅうち》のごとく、尾張《おわり》の守護《しゅご》は斯波《しば》氏で、その守護代《だい》が織田《おだ》氏であった。ただ、他の国とちがっていたのは、守護代が一人ではなく二人いたという点である。

すでにみた通り、尾張には八つの郡があった。丹羽《にわ》・羽栗《はぐり》・中島《なかじま》・春日井《かすがい》・海東《かいとう》・海《かい》西《さい》・知《ち》多《た》・愛知《あいち》の八郡である。このうち、丹羽・羽栗・中島・春日井の北部四郡を上四郡といい、この四郡を管掌《かんしょう》する守護代が岩倉《いわくら》城（岩倉市下本町）の織田氏であった。そして、海東・海西・知多・愛知の南部四郡を下四郡といい、これを管掌する守護代が清須《きよす》城（愛知県西春日井郡清洲町）の織田氏だったのである。

岩倉城織田氏は代々伊勢守《いせのかみ》を名乗り、清須城織田氏は代々大和守《やまとのかみ》を名乗っていた。信長の家は、清須城の大和守系織田氏の「三奉行」とか「三家老」などといわれる三人の重臣の家柄だった。

ふつうならば、守護代の重臣といった程度では、歴史の表舞台に姿をあらわすことなどないところであるが、信長の家の織田氏が代々勝幡城《しょばた》（愛知県海部《あま》郡佐織《さおり》町と中島《なかじま》郡平和町にまたがる地）を居城にしていたことが決定的な意味をもったのである。というのは、勝幡城の位置は、いまでこそ内陸部に奥深く入りこんでしまっているが、戦国時代には、木曽川河口に近く、近くの津島《つしま》は港町として繁栄していたという点を忘れることができないからである。

勝幡城織田氏は、代々弾正忠《だんじょうのじょう》の官途《かんと》名を名乗り、系図上はっきりするのは、良信《よしのぶ》—信定《のぶさだ》—信秀《のぶひで》—信長ということになり、特に信秀の段階に急成長をとげている。港町としての津島を領域内にもち、そこの商業活動を押えることによって財政的に発展していったものであろう。

しかし、勝幡城は地図をみても明らかな通り、尾張全体からすると西南部の隅にあたり、いかに力をつけてきたといっても、尾張全体に影響を与えるなどというものではなかった。

おそらく、信秀もそのような思いを抱いていたものと思われるが、港町津島から得た経済力をバックに、ついに尾張の中原《ちゅうげん》に討って出ることを考えるようになった。それがいつのことであるのか残念ながらはっきりしないが、信長が天文《てんぶん》三年（一五三四）に生まれたときの場所が那古野《なごや》城（名古屋市中区本丸）といわれているので、享《きょう》禄《ろく》末から天文初年にかけてのことであると思われる。

なお、信秀は、天文四年には居城を古渡城《ふるわたり》(名古屋市中区橘二丁目)に移しているが、那古野城にはそのまま信長を置いており、古渡城―那古野城のラインを勢力下においたことは確実である。この信秀による勝幡城から古渡城―那古屋城ラインへの居城移転は、単に城を移したという以上に、大きな意味をもっていた。ひと口でいえば、主家である清須城織田氏、すなわち、下四郡守護代織田氏を凌駕《りようが》しはじめたことを物語っているからである。

私は、信長による尾張一国の統一、さらに天下への雄飛にとって、この信秀による尾張中央部への進出は決定的な意味をもっていたと考えている。極端ないい方をすれば、このとき、信秀が尾張の中原に討って出ていなければ、のちの信長は出てこなかったのではなかろうか。それほどまでに価値のある動きだったのである。

その段階で、清須城織田氏だけでなく、岩倉城織田氏も信秀をたたく力はなく、他に犬山《いぬやま》城に織田信清《のぶきよ》が頭をもたげはじめており、尾張は、何人かの織田一族が割拠《かつきよ》する文字通りの群雄割拠状況を呈していたのである。天文四年(一五三五)に西三河《みかわ》の松平清康《きよやす》が尾張に侵攻してきたのも、尾張にはまとまった統一権力が生まれていなかったからにほかならない。

信秀は、こうした群雄割拠状況の中で、次第次第に頭角をあらわし、尾張一国統一こそなしとげるまでには至らなかったが、尾張を代表する武将となり、天文九年（一五四〇）には、松平清康死後の西三河に攻め入り、安祥城《あんじょう》を落とし、そこに長男の信広《のぶひろ》を置いたりしていた。

しかし、この動きは今川義元を刺激することとなり、かえって義元の西三河侵攻を誘発《ゆうはつ》し、天文十七年（一五四八）の小豆《あずき》坂の戦い、翌十八年の安祥城の戦いで今川軍に敗れ、兵を引いている。戦いに敗れたとはいえ、駿河《するが》・遠江《とおとうみ》、それに三河の大半を領していた今川義元と戦っていたわけで、信秀はすでに尾張の戦国大名となっていたことが確実である。

義元だけではなく、美濃《みの》の斎藤道三《どうさん》とも戦っている。特に、天文十三年（一五四四）八月のときなどは、越前《えちぜん》の戦国大名朝倉《あさくら》氏としめし合わせて美濃に侵攻しており、単なる国人《こくじん》領主、何人かいる織田一族の一人としてではなく、尾張一国統一未完成ではあるが、一人の戦国大名として成長をとげていたことがわかる。

なお、天文十六年（一五四七）にも美濃に攻め込んだが、かえって大敗を喫《きっ》しており、重臣平手政秀《ひらてまさひで》の斡旋《あっせん》によって、道三の娘濃姫《のうひめ》を信長の室に迎えるという政略結婚によって同盟が成立し、危機をのりきっている。この時期、東には今川義元を敵とし、また、尾張国内にも多くの反対勢力を抱えていたため、当面する敵の一つと手を結ばざるをえなかったからである。

その信秀も天文二十年（一五五一）三月三日に死んでしまった。死因は流行病《はやりやまい》というだけで、具体的にはどのようなものであるかは明らかでなく、また、歿年についても、天文十八年説、同二十一年説などがあるが、ここでは天文二十年説をとっておく。

以上みたように、信秀は国内の同族を討ち滅ぼすのではなく、温存したまま外の敵と戦ってきたので、尾張一国の統一という宿題は子の信長にもちこされてしまった。尾張には形だけとはいえ、まだ守護大名の斯波《しば》氏が健在であるし、二人の守護代が力をもっており、信長としてみれば、守護大名と二人の守護代を何とかしなければ、真の戦国大名とはなりえなかったのである。

信秀が死んだ翌年、すなわち天文二十一年（一五五二）八月、清須《きよす》城織田氏の重臣で、当時、小守護代の職にあった坂井大膳《さかいだいぜん》が信長方に攻撃をしかけてくるということがあった。「うつけ者」との評判が高かったので、信秀死後をねらって信長の追い落としにかかったのである。ところが、すかさず反撃に出た信長は、かえって坂井大膳らを清須城に押しもどしてしまった。尾張の織田一族が、「信長もなかなかやるな」という印象をこのころからもちはじめたものと思われる。

さて、信長にとってきわめてラッキーなできごとがあった。守護大名・守護代間の内紛《ないふん》である。

天文《てんぶん》二十三年（一五五四）七月、清須城の下四郡守護代の織田信友《のぶとも》が小守護代坂井大膳と共謀《きょうぼう》して守護大名の斯波義統《しばよしむね》を殺してしまったのである。よくみられる守護代による下剋上《げこくじょう》の構図ということになるが、ふつうとちがっていたのは、そのまま織田信友が戦国大名にはならなかった点である。むしろ、戦国大名になれなかったという方が正確ないい方である。

信友は、守護大名を殺したまではいいが、そのあとのヴィジョンをもっていなかったのである。むしろ、その内紛は、信長に有利に働いた。翌弘治《こうじ》元年（一五五五）四月、信長は急遽《きゅうきょ》兵を率いて清須城を攻めた。その城攻めの方法がまたふるっている。

このとき、信長は、父信秀の弟にあたる叔父の織田信光《のぶみつ》を利用しているのである。信光は信長与党であることをはっきりさせていなかったので、信光に、偽《いつわ》って援軍にきたふりをして清須城に入ることを依頼している。つまり、謀略《ぼうりゃく》によって信友の援軍になるとみせかけて清須城に信光の軍勢が入ったところで、城外の信長軍と呼応《こおう》し、またたく間に信友を討ち滅ぼしてしまったのである。

ここで、二人いた守護代の一人を滅ぼすことができた。戦功第一は信光で、信長は信光の希望を容れて那古野城《なごや》を与えている。そのかわり、信長自身は清須城に入った。ところが、その年の十一月二十六日、この信光が突然死んでしまったのである。一説には、将来、邪魔な存在になるであろうと考えた信長が暗殺させたともいわれている。下四郡守護代を滅ぼしたところで、信長としてはその勢いで上四郡守護代の岩倉《いわくら》城織田氏も滅ぼそうと考えたであろうが、ここで一つ厄介《やっかい》な事件がもちあがった。

実の弟信行《のぶゆき》が、織田家譜代《ふだい》の重臣筆頭林佐渡守秀貞《さどのかみひでさだ》・同美作守《みまさかのかみ》兄弟にそそのかされて、兄信長に反旗をひるがえしはじめたのである。

弘治二年（一五五六）の六月か七月のことになるが、当時末森《すえもり》城（名古屋市千種区田代町城山）にいた信行が、信長の直轄《ちょっかつ》領である篠木三郷《しのきさんごう》を押領《おうりょう》するという挙《きょ》に出ている。信長が信行討伐《とうばつ》に動いたのはその年の八月で、戦いは於多井《おたい》川（庄内《しょうない》川）をはさんでくりひろげられ、信長自身槍をふるうほどの大激戦の末、信行軍を破り、信行は末森城に敗走している。

信長は末森城を包囲したが、このとき、信長・信行兄弟の生母である信秀正室《せいしつ》の土田御前《ごぜん》が信行の助命を嘆願《たんがん》したため、信長は信行の一命を助けている。

もっとも、信行は翌弘治三年（一五五七）にも謀反《むほん》をおこす気配を見せたが、このときは、信行の重臣柴田勝家《しばたかついえ》がその旨《むね》をひそかに信長に通報し、十一月二日のことになるが、「信長殿重病」という話を信じこんだ信行が清須城に見舞いに出向いたところを暗殺されてしまっている。信長は、これで、内にくすぶっていた火種の一つを消すことができたわけである。

そのようなこともあって、もう一つの守護代家である岩倉城の織田氏討伐はのびのびになってしまい、結局、永禄《えいろく》元年（一五五八）にもちこされたのである。

岩倉城の織田氏では、それまでの当主織田信安《のぶやす》が弘治二年（一五五六）に隠退《いんたい》し、かわって織田信賢《のぶかた》があとをついだが、信賢は弟の信家《のぶいえ》と争ったため、家臣団も分裂していた。

しかし、信賢が、永禄元年（一五五八）五月二十八日、美濃《みの》の斎藤義龍《よしたつ》とはかって信長を攻撃しはじめたのである。なかなか信賢討伐にふみきれないでいた信長は、このときの信賢側が攻撃をしかけてきたのを逆手にとって、急遽丹羽《きゅうきょにわ》郡浮野にまで兵を進め、ついで七月には岩倉城をも攻めている。ただ、岩倉城も堅固《けんご》で、このときの戦いでは岩倉城織田氏を葬ることはできなかった。

翌永禄二年三月、信長はあらためて岩倉城総攻撃の軍をおこし、火矢・鉄砲を使って攻め、ついに城を落とすことに成功した。ここにおいて上四郡守護代の織田氏も滅び、信秀・信長の二代がかりによる尾張の統一が成ったのである。今川義元が二万五〇〇〇の大軍を率いて尾張になだれこんでくるわずか一年前のことであった。

もっとも、尾張一国を統一したとはいっても、これは二つの守護代家を滅ぼしたというだけであって、すでにみたように、尾張八郡のうち、知多《ちた》・海西《かいさい》二郡には、すでに今川氏の力が入りこんでいたのである。

息つくひまもなく、信長は今川氏を迎え撃つ態勢をとらざるをえなくなるわけであるが、考えてみればこれは綱わたりのようにきわどいことがらであった。

仮に、義元の軍事行動が一年早まっていたらどうなっていただろうか。義元にしてみれば、この一年のちがいは高い代償になってしまったわけである。

離間策をとる信長

もっとも、永禄《えいろく》二年（一五五九）三月の織田信賢討滅《のぶかたとうめつ》まで、信長《のぶなが》の全神経が岩倉城織田氏に向けられていたと考えるのは早計《そうけい》である。南および東のほうから今川氏の勢力がじわりじわりと尾張《おわり》に浸透しはじめていたことは先刻承知の上で、それにみあった手はちゃんとうっていたのである。

永禄三年（一五六〇）五月の桶狭間《おけはざま》における信長の勝利を単なる「偶然の勝利」だとか、「僥倖《ぎょうこう》の勝利」とか表現することもあるが、私は偶然とか僥倖だけだったとは考えていない。そうした要素がまったくなかったとはいわないが、信長は同族討伐《とうばつ》の過程のまっただ中に身を置きながらも、来たるべき敵として義元《よしもと》を想定し、それなりの手をうっていたのではなかったかと考えている。

戦国時代の謀略《ぼうりやく》的策略《さくりやく》の一つとして離間策《りかんさく》というものがあるが、離間策というのは、謀略を用いて敵方になっている相手方の仲を割《さ》くことである。この離間策の典型的なケースが桶狭間の戦いの直前、信長によって試みられている。ここでは、戸部新《とべしん》左衛門《ざえもん》の例と山口左馬助《さまのすけ》の例をとりあげて、少しくわしくみておくことにする。

まず戸部新左衛門のケースをとりあげよう。この戸部新左衛門は尾張の戸部《とべ》城（名古屋市南区呼続町）の城主であった。現在、名鉄本笠寺《もとかさでら》駅の少し南に城址碑が建っているが、そこがもともとの場所ではなく、もう少し東側で、三方が海、一方が断崖という要害の地に築かれていたという。

なお、戸部新左衛門の名乗りについては二説あり、ふつうは政直の名で知られている。ただ『朝野舊聞裒藁《ちょうやきゅうぶんほうこう》』では『尾張国人物志略』をもとに豊政という名乗りをあてている。

この戸部新左衛門は、笠寺あたりを領有する織田家の武将であったが、義元の勢力が強大化するにつれ、おそらくその誘降工作にのってしまったものと思われるが、今川方となった。笠寺付近は、信長にしてみれば自分の領土と考えていたところで、そこが今川方になってしまったわけで、織田方の情報が今川方に筒抜けになってしまうことを恐れた。事実、戸部新左衛門は、尾張の情勢を逐一《ちくいち》義元のもとに書状にして送っていたようである。

では、信長が用いた離間策とは具体的にどのようなものだったのだろうか。『朝野

舊聞裒藁』では永禄元年（一五五八）のこととして、

此頃《このごろ》尾張国笠寺の城主戸部新左衛門豊政、今川義元に属して国事を告く《(ぐ)》、織田信長是《これ》を憂《うれ》ひ、豊政か贋書を義元に送る、義元其謀《そのはかりごと》を察せす《(ず)》遂に豊政を殺す、

という綱文をたてている。『朝野舊聞裒藁』では永禄元年のこととしているが、弘治《こうじ》三年（一五五七）とする史料もあり、年代的にはいつのことか確定することはむずかしい。

ただこの一件は、のちにかなり有名になったらしく、『甲陽軍鑑《こうようぐんかん》』あたりにも採録されている。事態の顚末《てんまつ》については『甲陽軍鑑』の記述がポイントをついているので、つぎに引用しておこう。

……信長公廿四歳にて是非《ぜひ》義元をうたんと心がけ給へ共、爰《ここ》に妨ぐる男あり、戸部新左衛門とてかさ寺の辺《あたり》を知行する者也《なり》、能書才学如ㇾ形の侍にて渠《かれ》無ㇾ二義元に属し、尾州を義元の国にせんと、二六時中はかるによつて尾州聊《いささか》の事をも、駿州へ書送る、依《これにより》ㇾ之信長御心安き寵 愛《ちょうあい》の右筆《ゆうひつ》に、彼新左衛門が消息共を多くあつめ、一年餘ならはせらるゝに、新左衛門が手跡に不《たが》ㇾ違《わず》、於㆓此時㆒義元に逆心の状思のまゝにかきしたゝめ、織田上総守《かずさのかみ》殿へ戸部新左衛門と上書をし、頼もしき侍を商人に出たゝせ、駿府へそこされける、義元運の末にや、是《これ》を実なりとおぼして、彼新左

衛門をめすに駿府までまいるに及ばずとて、参州吉田において速《すみやか》に頭をぞはねられける、

つまり、信長は右筆に戸部新左衛門の筆跡を一年がかりでまねさせ、すっかりまねができるようになったところで、戸部新左衛門から信長への密書を書かせ、それをいかにも途中で得たかのように装って、商人姿に身をやつした信長家臣にもたせ、義元に届けたというのである。『甲陽軍鑑』は信長二十四歳のときとしているので、このことがあった年を弘治三年（一五五七）と理解していたことがわかる。

あまりにも鮮かで、いかにも絵に描いたような離間策《りかんさく》なので、絵空事ではないかとあやぶむ声もある。しかし、謀書《ぼうしょ》や偽書《ぎしょ》を使って敵を錯乱《さくらん》させるやり口は一般的にみられるので、この通りではなかったにしても、これに近いことはあったのではなかろうか。

信長がとった離間策としてもう一つ有名なのが鳴海《なるみ》城の山口教継《のりつぐ》・教吉《のりよし》父子の場合である。鳴海城に拠《よ》っていた山口左馬助《さまのすけ》教継・九郎二郎教吉父子は鳴海あたりを領する国人《こくじん》領主で、織田信秀《のぶひで》の台頭とともにその傘下《さんか》に入っていたが、今川氏の力が尾張におよびはじめたのにともない、信秀を寝返って今川義元についてしまった。

ふつうには、信秀死後、「うつけ者の信長についているよりは……」と義元につい

たようにいわれているが、山口教継がすでに信秀在世中に義元に好《よしみ》を通じていたことを証明する文書がある。

今度《このたび》山口左馬助、別して馳走《ちそう》すべきの由祝着《よししゅうちゃく》に候、しかりといへども、織備懇望《こんもう》の子細候の間、苅矢赦免候、この上味方筋の無事異儀無く、山左申し調え候様、両人異見せしむべく候、謹言、

十二月五日　　義元判

明眼寺

阿部與左衛門殿

この文書（東京大学史料編纂所所蔵「三川古文書」所収、読み下しにした）は年欠であるが、文中「織備」とあるのは織田備後守《びんごのかみ》、すなわち信秀のことなので、信秀在世中に山口左馬助教継は信秀を見限り、義元についたことが明らかである。

天文《てんぶん》十七年（一五四八）の小豆《あずき》坂の戦い、同十八年の安祥《あんじょう》城の戦いにおいて、信秀がどちらも大敗しているのをみて、山口教継が「いよいよ尾張も今川の時代がくる」と判断し、早目に義元の誘降にのってしまったのだろう。

四二ページで述べた沓掛《くつかけ》城の場合と同じように、この鳴海城も、あくまで点として今川氏の力がおよぶことになっただけであるが、織田信秀・信長父子にとっては大き

な脅威《きょうい》であったと思われる。

なお、『朝野舊聞裒藁』では、山口左馬助の謀反《むほん》を信長の時代、しかも永禄《えいろく》二年（一五五九）のこととし、「山口左馬助は織田信長に叛て今川家に通し《じ》、沓掛・大高の両城を攻取て義元にさゝく《ぐ》……」と記している。信秀死後、しかも永禄二年ということはそのままに信用しかねるが、山口左馬助が今川方になったことによって大高城・沓掛城も今川方になったことは事実だったようである。

『信長公記《しんちょうこうき》』に、

一、熱田より一里東鳴海の城、山口左馬助入置かれ候。是は武篇《ぶへん》者才覚の仁なり。既に逆心を企《くわだ》て、駿河衆を引入れ、ならび大高の城、沓懸《くつかけ》の城両城も左馬助調略を以て乗取り、推並《おしなら》べ、三金輪に三ヶ所、何方へも間は一里づゝなり。鳴海の城には駿河より岡郎五部兵衛城代として楯籠《たてこも》り、大高の城、沓懸の城番手の人数多太《たぶ》々と入置く。此後程あつて、山口左馬助、子息九郎次郎父子駿州へ呼び寄せ、忠節の褒美《ほうび》はなくして、無情《なさけなく》親子共に腹をきらせ候。

とあるが、この最後の部分にみえるのが、信長による離間策の結果である。

信長は家臣を変装させて駿府城下に送りこみ、「左馬助は偽って義元に味方しているだけで、義元が尾張へ攻め入ったときには、信長と図って挾み撃ちにする手はずを整えている」といううわさを流させた。このうわさを耳にした義元は、その実否を糺明することなく、教継・教吉父子を駿府に召還し、そこで切腹させてしまったのである。

義元は、せっかく手にした尾張の情報源を殺してしまったわけで、そのマイナスは大きなものがあったと思われる。

もっとも、歴史というものはおもしろいもので、この事実も、人によってはちがった解釈をしている。たとえば、義元は、信長の離間策に乗せられたふりをして山口教継・教吉父子を誅伐《ちゆうばつ》したと考える考え方もある。

小島広次氏は『今川義元』の中で、「義元はこの山口父子を信長の謀略による讒言《ざんげん》を信じ、駿府で切腹させた。『桶狭合戦記』などは〝義元智慮《ちりよ》浅クコレヲ信ジ〟といっているが、智慮が浅いどころか、そこには深い読みと計算されたずるさがあった。織田方にまた寝返ったという風説を逆に利用したにすぎない。鳴海一帯はもともと山口一族の本拠地であるから、いつかこれをとりのぞいて譜代《ふだい》の家臣に変わらせようとチャンスをねらっていたであろう」と述べている。

ずいぶんうがった解釈ではあるが、その可能性がないとはいえない。戦国の時代状況は、まさにだましあいの連続だったからである。

　ところで、この鳴海城は、標高二〇メートルの丘陵城郭《じょうかく》で、現在の地形からは特に要害の城といった印象はうけないが、往時はすぐ近くまで入海があり、特に城の南側は断崖となっていて、小さいながら要害堅固《けんご》な地形であった。『信長公記』には、「鳴海の城、南は黒末の川とて入海、塩の差引き城下迄これあり、東へ谷合打続き、西又深田なり」とあって、南が入海、西が深田でその方向からは城攻めが困難だったことがうかがわれる。

　四五ページでみたように、義元が決めた部署の配置によれば、鳴海城には岡部五郎《おかべごろう》兵衛元信《ひょうえもとのぶ》が入っていたのである。

●コラム● 信長のルーツ

信長《のぶなが》の子孫が江戸時代に作った系図によると、織田氏は本姓が平氏だったということになっている。つまり、信長の先祖は平清盛《たいらのきよもり》だという。系図・家譜《かふ》によると、信長のルーツはつぎのように理解されていた。

平清盛の長男が重盛《しげもり》であるが、その重盛に資盛《すけもり》という子がいた。源平争乱のとき、寿永《じゅえい》二年（一一八三）七月のことであるが、資盛ら平家一門の人びとは、木曽義仲《きそよしなか》に追われ、西国へ落ちていった。ところが、資盛に妾がおり、彼女は妊娠していたため、一緒に西国へ逃げることができず、近江国《おうみのくに》津田郷にかくれ住み、そこで一人の男子を生み落としたという。この男子というのが親実《ちかざね》で、たまたま通りかかった越前国織田荘《えちぜんのくにおだのしょう》の剣《つるぎ》神社の神主に養われ、荘名を苗字《みょうじ》として織田親実と名乗った。

これが織田氏の初代であり、織田という苗字の発祥であるとされている。

織田という苗字のルーツが越前国織田荘（福井県丹生《にゅう》郡織田町）だったということはまちがいないとしても、平清盛の曾孫《そうそん》親実という人物を祖とする系図・家譜をそのままに信用してよいものなのだろうか。

というのは、若いころの信長だけでなく、謀反《むほん》をおこして殺された弟信行《のぶゆき》も、「自分の本姓は藤原氏である」と意識していたことがたしかな古文書に出てくるからである。たとえば信長の場合、天文《てんぶん》十八年（一五四九）十一月に熱田《あつた》八か村中に出した制札では「藤原信長」と署名しており、弟信行の場合、天文二十三年（一五五四）の時点で熱田神宮蔵の菅原《すがわらのみちざね》道真画像に「藤原織田勘十郎信行」と署名しているのである。つまり、少なくとも天文末年までは、織田氏は藤原姓を称していたことが確実であった。

系図・家譜類ではなく、たしかな史料に織田氏の人の名がみえるのは、織田剣神社の明《めい》徳《とく》四年（一三九三）六月十七日付の藤原信昌《のぶまさ》・同兵庫助将広《まさひろ》父子の仮名置文であろう。ここで藤原姓を名乗っている信昌・将広父子は藤原姓織田氏のことで、信長・信行が藤原姓を称していたことと結びつく。

つまり、織田氏は本姓藤原氏で、越前国織田荘の荘官《しょうかん》と織田剣神社の神主を兼ねる織田荘の開発《かいほつ》領主であった可能性が高い。そして、周知のごとく、越前の守護《しゅご》は斯波《しば》氏であり、斯波氏は越前のほか尾張《おわり》・遠江《とおとうみ》守護をも兼ねていたことが、織田氏の越前から尾張への移転をもたらすことになったのである。つまり、越前守護斯波氏に仕《つか》えた織田氏が、尾張守護代として尾張に派遣されたが、これが尾張織田氏のはじまりであった。その名を織田常松《じょうしょう》といった。

では藤原姓織田氏が平氏にのりかえたのはいつのことだったろうか。そして、そのわけは何だったのだろうか。

時期についてはｪ確なところはわからない。信長の時代、信長が「天下」を意識しはじめたころであると考えられる。このころ、人びとの意識の中には「源平交代思想」というものがあった。武士が天下を治めるようになったはじめは平清盛であり、そのあと源頼朝《みなもとのよりとも》にはじまる源氏三代、さらにそのあと執権北条《しっけんほうじょう》氏が天下の実権を握るが、北条氏は本姓平氏であった。

そして、執権北条氏のあと足利尊氏《あしかがたかうじ》にはじまる足利氏十五代が将軍として政権を握った。足利氏は本姓源氏である。つまり、あくまで結果の上ではあるが、平氏↓源氏↓平氏↓源氏と、平氏と源氏が交代で政権をとる形になっていたのである。

おそらく信長も、この「源平交代思想」を知っていたであろう。知っていただけでなく、「足利氏にかわって天下に号令するためには平氏でなければならない」と意識しはじめたのではなかろうか。これが信長が藤原氏から平氏へくらがえした主要な理由であったと考えられる。

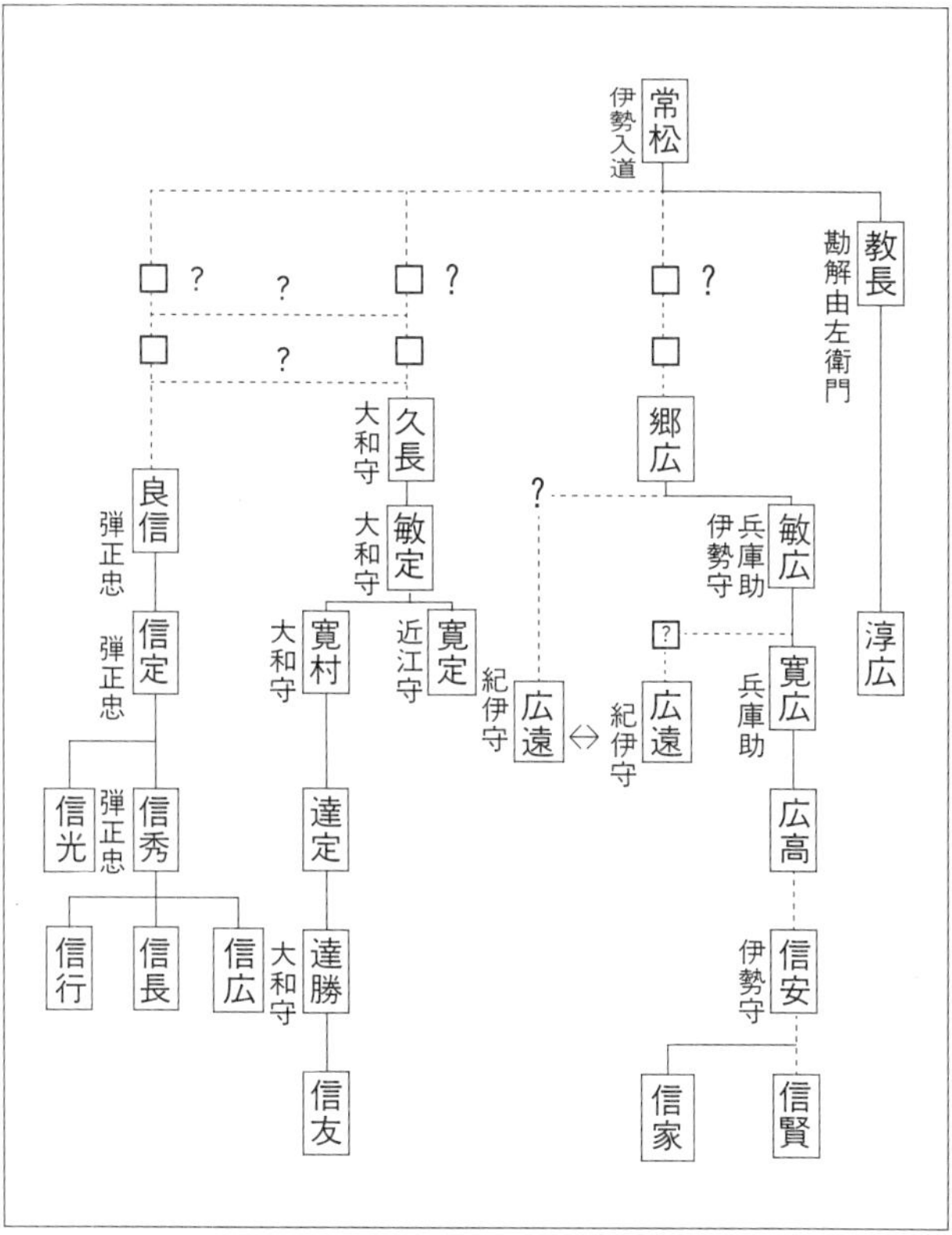

【織田氏系図】
伊勢守系統と大和守系統に分かれ、骨肉相喰んだ織田家。その中で傍流であった信長が抬頭できたのは父信秀の活躍が大きかった。
しかし、その後も信長は弟信行の反抗などに苦慮。そしてその織田家が統一できたとき、信長に天下統一への道が開かれたのである。
(新井喜久夫氏・松原信之氏作製の系図より)

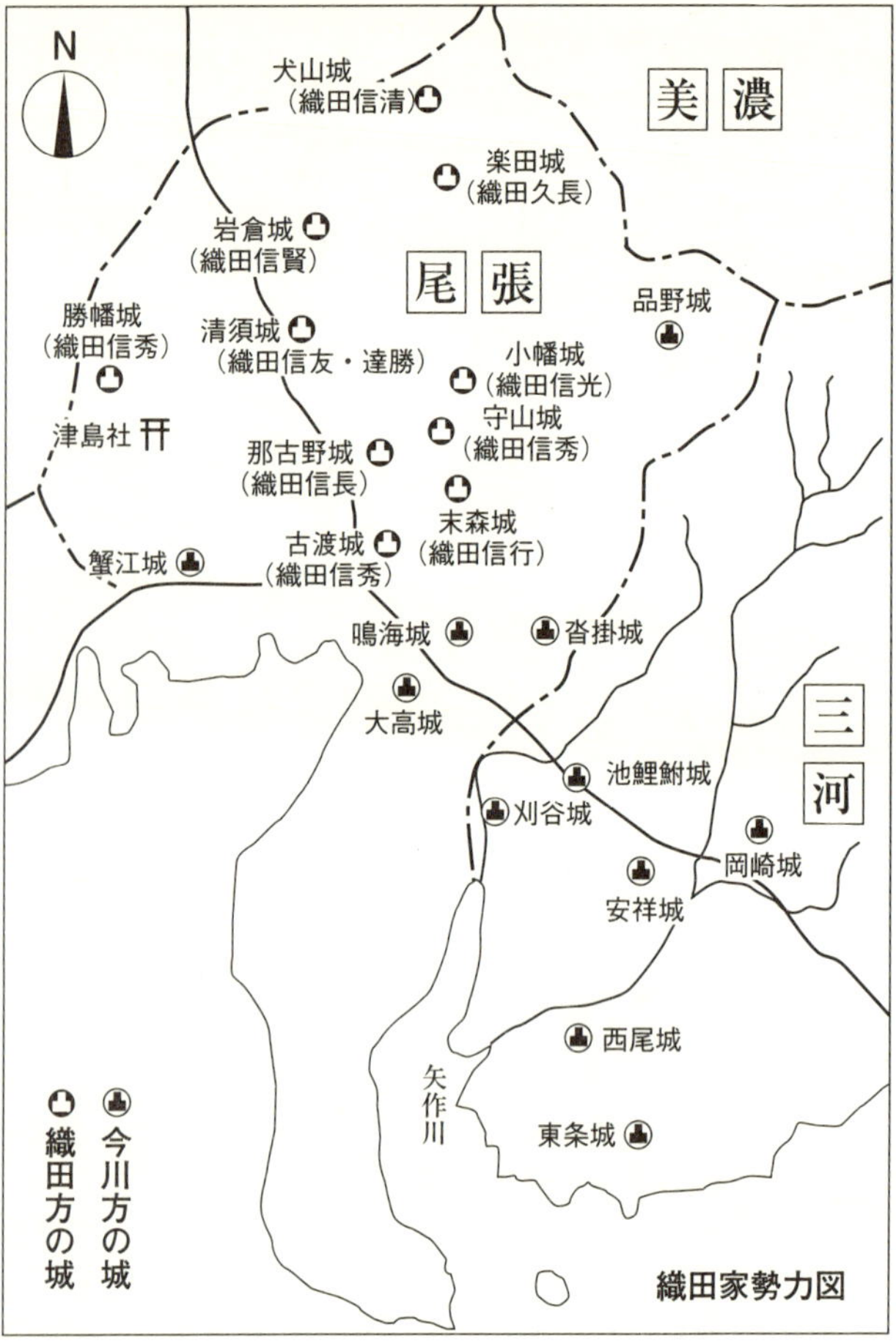
N
美濃
犬山城
（織田信清）
楽田城
（織田久長）
岩倉城
（織田信賢）
尾張
品野城
勝幡城
（織田信秀）
清須城
（織田信友・達勝）
小幡城
（織田信光）
津島社
守山城
（織田信秀）
那古野城
（織田信長）
末森城
（織田信行）
古渡城
（織田信秀）
蟹江城
鳴海城
沓掛城
大高城
三河
池鯉鮒城
刈谷城
岡崎城
安祥城
西尾城
矢作川
東条城
織田方の城
今川方の城

織田家勢力図

第三章　大高城兵糧入れと丸根砦・鷲津砦の攻防

今川軍の前進拠点だった鳴海城と大高城

五月十八日、尾張《おわり》に侵入し、沓掛《くつかけ》城に入った今川義元《いまがわよしもと》は、さっそく、松平元康《もとやす》に大《おお》高《だか》城への兵糧《ひょうろう》入れを命じている。これは、桶狭間《おけはざま》の戦いをみていく上でキーポイントとなる動きであった。そこでまず、今川軍にとって、大高城とはいかなる位置を占める城だったのかをみておく必要がある。

戦国大名が他領に侵略していく場合、大きく二つの方法があった。一つは、軍事行動をおこし、敵方最前線の城を落とし、そこを橋頭堡《きょうとうほ》としながらつぎの城を落としていくというやり方である。そしてもう一つは、戦わずに敵方前線にある城の城主を懐《かい》柔《じゅう》し、味方にしていくやり方である。もちろん、その併用《へいよう》ということもあるが、基本的には城攻めか勧降《かんこう》工作かということになる。

ふつう一般的には、敵方最前線の城の城主が徹底抗戦し、それを攻める側が城攻めによってつぎつぎと城を落として他領に侵略していったと理解されているが、実は、勧降工作もかなりのパーセンテージでみられるのである。これは、当時の戦国大名と家臣との主従関係に一つの要因があったと考えられる。

封建的主従関係というと、どうしてもわれわれは江戸時代の主従関係を考えてしまうが、戦国時代には戦国時代の主従制原理があったのである。

戦国大名と家臣との関係を、「武士は二君にまみえず」といった〝忠君〟思想というか、儒教《じゅきょう》的な主従制的な道徳観念でみると、戦国時代の正しい姿がみえなくなってきてしまう。

戦国期の主従制の基本は「誰についているのが一番安全か」という、いわば安全保障のようなものではなかったかと私は考えている。桶狭間の戦いの本論からは少しはずれてしまうが、桶狭間の戦いにおいて、今川義元が討たれたあと、今川の家臣たちが蜘蛛《くも》の子を散らしたように、勝手に逃げ帰ってしまった〝心理〟とも関係してくるので、ここで少しくわしく述べておきたい。

強大な戦国大名権力があらわれた場合、それに臣従《しんじゅう》するか、臣従とまではいかなくとも同盟するか、あるいは敵対するかといういくつかの選択肢《し》が生まれるが、敵対して滅ぼされてしまった場合はここでは問題外として、臣従ないし同盟関係を結んだ場合を考えてみよう。

臣従ないし同盟した側としてみれば、その時点における力関係によって、いわば仕方なしに臣従なり同盟しただけであり、本心からではないという思いがあったことは当然である。そのあたりは、臣従させた側も十分承知しており、だからこそ、臣従したばかりの外様《とざま》家臣を先鋒《せんぽう》軍にしたりして、その忠誠度を試験していたわけである。

臣従させた場合、本領安堵《ほんりょうあんど》というケースが多い。つまり、「所領などはそのままに認めるからこちらにつけ」といった形で勧降工作がなされるわけで、勧降工作をうけた側では、それまで仕えてきた自分の主君の将来性と、新しく侵略してきた戦国大名の将来性や力などを天秤《てんびん》にかけ、自分にとってプラスになりそうな道を選択するということになる。

前述した、戸部《とべ》城の戸部新左衛門《しんざえもん》や鳴海《なるみ》城の山口左馬助《さまのすけ》らは、今川義元からの勧降工作をうけ、それまでの主君である信秀《のぶひで》・信長《のぶなが》の将来性と、義元の将来性をくらべ、「わが家の発展のためには義元につくのが得策」と判断し、義元に寝返ったのである。そうなると、戸部新左衛門の所領の範囲、山口左馬助の所領の範囲は必然的に今川領とみなされ、今川氏の力が、たとえ、点であっても、尾張に入りこんだということになる。

義元にとって、鳴海城の山口左馬助教継《のりつぐ》を寝返らせたことは大きな意味があった。

それは、すでに述べたように、鳴海城だけでなく、連鎖《れんさ》反応的に大高城と沓掛城の二つが今川方となったからである。沓掛城の城主は近藤景春といって織田方の部将であったが、鳴海城が今川方となってしまうと、今川領にポツンと一つ取り残される形となってしまったため、仕方なく今川方になったものである。

大高城の天文《てんぶん》・弘治《こうじ》ごろの城主は水野忠氏父子で織田方であった。今川方につくという旗色を鮮明にした時点で、いわばデモンストレーションのような形で大高城を攻め、この城を奪い取っている。今川義元に臣従するにあたっての〝手みやげ〟といったところであるが、山口教継としては、戦果をあげて、義元に自分を高く売りつけようとしたのであろう。各種史料を総合すれば、そのことがあったのは永《えい》禄《ろく》二年（一五五九）のことと思われる。

山口教継は自分を「義元の先鋒」と位置づけ、さらに鳴海より西北方三キロメートルほどの地点にある中村郷に砦《とりで》を築き、信長を挑発する姿勢をみせている。これがふつう桜中村砦（名古屋市南区呼続《よびつぎ》町）とよばれているものである。中村は、豊臣秀吉《とよとみひでよし》が生まれた地としている中村もあり、こっちの方は桜という地の中にあった中村なので、桜中村といわれていた。もちろん、ただ中村砦とよばれることもある。

桜中村砦は、信長の居城である清須《きよす》城とはまさに目と鼻のさきにあり、信長にしてみれば、のどもとに刃をつきつけられたに等しい。離間策《りかんさく》といった卑怯《ひきょう》な手段を用いてでも山口教継を殺させた理由がわかるであろう。

ところで、私は、鳴海城主の山口教継が今川方に寝返ったという書き方をしたが、これには異説もある。たとえば、柳史朗氏は、桜中村砦を砦ではなく、桜中村城として、そこが山口氏のもともとの居城であったと解している。柳史朗氏の説によれば、山口教房・教継父子は織田氏に属して桜中村城に居城していたが、教継が今川氏に寝返ったので、義元はそれを喜び、教継を鳴海城主とし、桜中村城の方は、教継の子教《のり》吉《よし》に守らせたという（『日本城郭全集』第七巻愛知・岐阜編）。

その可能性がまったくないとはいえないが、規模からみて桜中村砦を国人《こくじん》領主山口氏の本城とみる見方には賛成できない。山口教継は鳴海城主だったとみられ、今川方に寝返った勢いで桜中村砦を築き、子教吉を鳴海城に置いて、みずからは前進基地としての桜中村砦に入ったものであろう。

『信長公記《しんちょうこうき》』には、

鳴海の城主山口左馬助・子息九郎二郎、廿年父子、織田備後守殿御目を懸けられ候処、御遷化《せんげ》候へば程なく謀叛《むほん》を企《くわだ》て、駿河衆を引入れ、尾州の内へ乱入。沙汰《さた》の限りの次第なり。

一、鳴海の城には子息山口九郎二郎を入置き、
一、笠寺へ取出《とりで》・要害を構へ、かづら山・岡部五郎兵衛・三浦左馬助《さまのすけ》・飯尾豊前守《いのおぶぜんのかみ》・浅井小四郎、五人在城なり。
一、中村の在所を拵《こしらえ》、父山口左馬助楯籠《たてこもる》。

と記されているので、子の山口教吉が鳴海城をまかされ、教継自身が桜中村砦に入ったのは確実と思われる。

なお、ここで、桜中村砦とならんで、もう一つの前進拠点として「笠寺《かさでら》へ取出・要害を構へ」たということがみえるので、この点について検討しておこう。

実は、笠寺に築かれたという砦あるいは要害というものがよくわからないのである。たしかに、『改正三河後風土記《みかわごふどき》』などでは、

……義元は鳴海に岡部五郎兵衛長教を籠め、智多郡大高城、愛智郡沓掛の城に鵜殿《うどの》長助長持を籠め、笠寺城に葛山備中守勝吉・三浦左馬助義就・飯尾豊前守致実・浅井小四郎政敏等を籠め、尾州の押とす。

とあるので、笠寺城という今川方の城があったことになっているが、その実像がつかめないのである。現在、土地の伝承を含めても、「ここが笠寺城の跡」といわれるところはない。まったくの幻の城といってよい。大胆な仮説といわれるかもしれないが、

かったろうか。

私は、笠寺城という城はなかったと考えている。笠寺、すなわち笠覆寺《りゅうふくじ》（名古屋市南区笠寺町上新町）境内に陣を張り、そこを一時的に取出・要害として使ったのではなかったろうか。

前述のように、桜中村砦の山口教継《のりつぐ》は信長の離間策にあって義元に殺されているので、山口教継死後、今川勢が笠寺付近まで維持し続けることは困難だったのではなかろうか。鳴海城に岡部五郎兵衛元信《もとのぶ》を置くのがせいいっぱいのところだったと思われる。そしてもう一つの拠点が大高城だったのである。

大高城は、蓬左文庫《ほうさぶんこ》所蔵の「大高村古城絵図」によると、本丸、二の丸の二つの曲輪《くるわ》からなり、単なる砦といった一時的なものではなく、常時在城する城であったことがうかがわれる。義元としては、鳴海城よりこの大高城の方を重視していたのではないかと思われる。というのは、鳴海城の方がより織田領に肉薄しており、いざというとき、後詰《ごづめ》がきかないと判断していたものと思われるからである。鳴海城の場合だと、地形および信長方の砦の配置などからみて、信長軍に包囲されたと仮定すれば、義元が後詰をしてそれを救援するのがむずかしいと思ったのであろう。

だからこそ、大高城に兵糧《ひょうろう》を入れ、そこを清須《きよす》城攻撃、さらには尾張支配の拠点にしようともくろんでいたのであろう。義元が翌十九日、沓掛城を出て、鳴海城に入ろうとしたのではなく、大高城に入ろうとしていたこともこの問題を考える上で材料になる。

ただ、必要にせまられてのこととはいえ、義元が、沓掛城にも兵を残し、前衛《ぜんえい》として鳴海城・大高城にかなりの兵を割《さ》いてしまったことは、結果的にはマイナスであった。今川軍二万五〇〇〇が、それらの城に分散してしまい、義元本隊に五〇〇〇ほどの兵しか残っていなかったことが決定的な敗因となったことは否定できないからである。

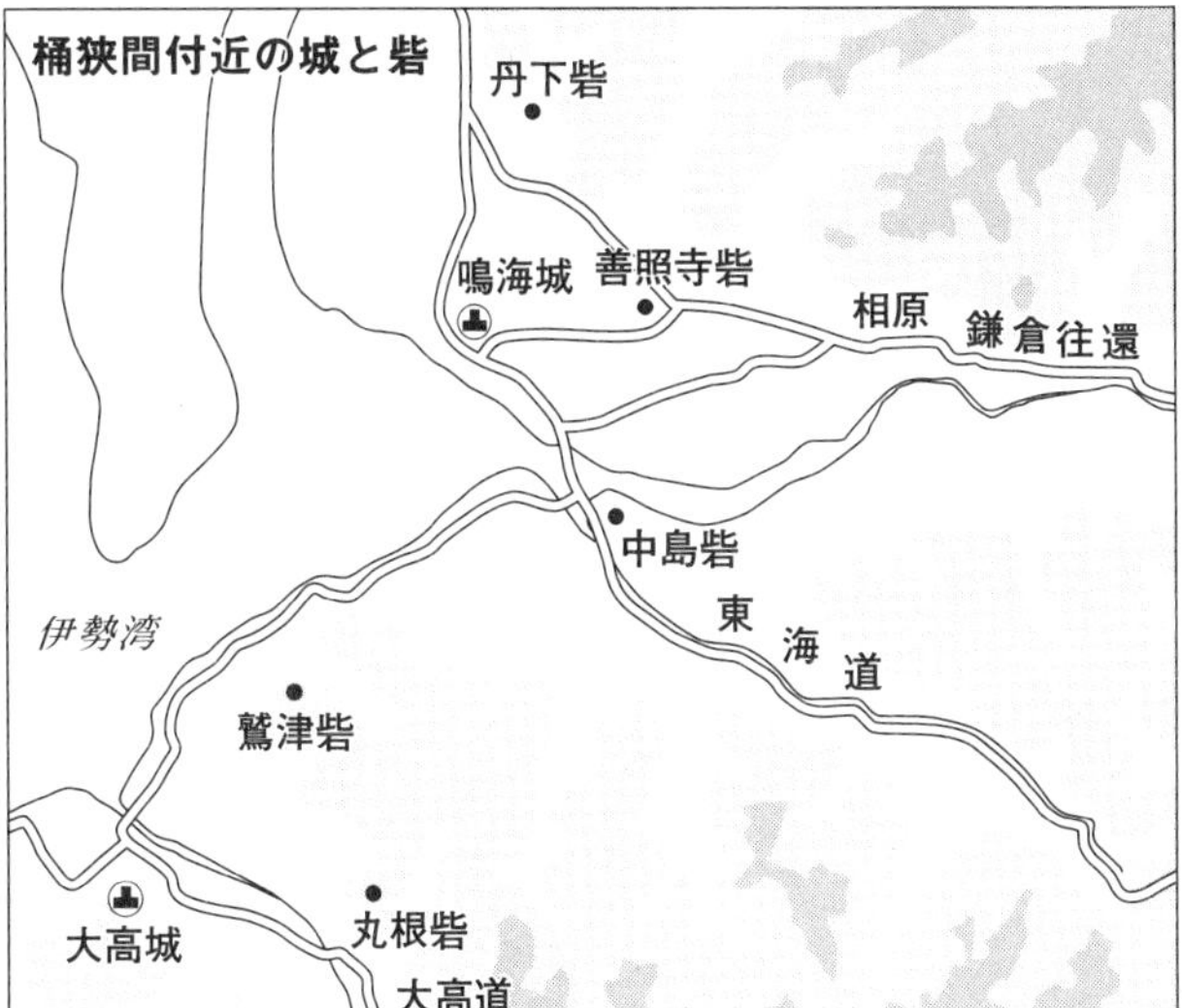

信長、砦を築いて今川軍を牽制

では、こうした今川軍《いまがわ》の尾張《おわり》侵攻に対し、信長《のぶなが》はどのような手をうっていたのだろうか。信長はただ手をこまねいて今川方のなすことをみていただけだったのだろうか。

信長は信長で、彼なりにできうるかぎりの手をうっていたのである。よく、「桶狭《おけはざ》間《ま》の戦いは信長のイチかバチかのかけであった」とか、「捨て身の勝利」などといわれ、今川方に対し何の手もうたず、破れかぶれに討って出て勝利を収めたかのようにいわれることがあるが、それはまちがいである。信長は今川軍に関する情報を集めており、その情報収集能力はみごとといってよい。極論すれば、桶狭間の戦いは信長側の情報力の勝利であったといえる。

信長側がうっていたもう一つの手は、今川方の支城を封じこめるための付城《つけじろ》の構築である。付城は、対《たい》の城といわれることもあるが、要するに、敵方の城を監視し封じこめるために作られた城や砦のことをいう。その敵方の城を攻めるための足がかりに使われることもあるし、ただ監視のためということもあった。

具体的にどのような付城が築かれたかであるが、『信長公記《しんちょうこうき》』にくわしく記されている。もちろん、『官本三河記《みかわき》』とか『戸田本三河記』『桶狭間合戦記《おけはざまかっせんき》』『朝野舊聞裒《ちょうやきゅうぶんほう》藁《こう》』などにもみえるが、そのもとになったのは『信長公記』の記述と思われるので、同書の関連部分を引用しておこう。

一、鳴海の城、南は黒末の川とて入海、塩の差引き城下迄これあり。東へ谷合打続き、西又深田なり。此より東へは山つゞきなり。城より廿町隔《へだ》て、たんけ(げ)と云ふ古屋しきあり。是を御取出《とりで》にかまへられ、
水野帯刀《たてわき》・山口ゑびの丞《じょう》・柘植《つげ》玄蕃頭《げんばのかみ》・真木与十郎・真木宗十郎・伴十左衛門尉、
東に善照寺とて古跡これあり。御要害候て、佐久間右衛門・舎弟左京助をかせられ、
南中嶋とて小村あり。御取出になされ、梶川平左衛門をかせられ、
一、黒末入海の向ひに、なるみ・大だか、間を取切り、御取出二ヶ所仰付《おおせつけ》られ、
一、丸根山には佐久間大学をかせられ、
一、鷲津《わしづ》山には織田玄蕃・飯尾近江守父子入れをかせられ候キ。

つまり、鳴海城に対する付城として、丹下《たんげ》砦・善照寺《ぜんしょうじ》砦・中島砦の三つ、大高城に

対する付城として丸根砦・鷲津砦の二つが築かれていたことが明らかとなる。この五つの砦について、まず、所在と城将の人名を確認し、整理しておこう。

丹下砦（名古屋市緑区鳴海町字丹下）
　水野帯刀（忠光・忠広）
　山口海老丞（広憲・守孝・盛隆）
　柘植玄蕃頭（友顕）
　真木与十郎
　真木宗十郎
　伴十左衛門尉
善照寺砦（名古屋市緑区鳴海町砦）
　佐久間右衛門尉（信盛）
　佐久間左京助（右衛門尉の弟・親盛・信辰）
中島砦（名古屋市緑区鳴海町下中島）
　梶川平左衛門（重実・正継）
丸根砦（名古屋市緑区大高町丸根）
　佐久間大学（盛重・季盛）

鷲津砦（名古屋市緑区大高町鷲津）
織田玄蕃允（信平・秀敏）
飯尾近江守《いのおおうみのかみ》（定宗）
飯尾隠岐守《おき》（定宗の子・信宗）

なお、城将の人名については名乗りが諸説あって確定的ではない場合も多いが、ここでは通説とされているもので示しておいた。絶対というわけではない。

それぞれの砦にどのくらいの兵が配置されていたのかという点についてはよくわからない。ただ、『改正三河後風土記』がそれぞれの砦の守備の人数を書きあげている。同書の史料的な性格からいえば、そのままに信用してしまうのは危険であるが、考える上での参考材料にはなると思われる。

……信長も又是を聞、鳴海近辺数ケ所に砦を構へ、先丹下城には水野帯刀忠広・山口海老丞広憲・柘植玄蕃允友顕三百四十三騎、善照寺の砦には佐久間右衛門尉信盛・並弟左京亮親盛四百五十騎、中島の砦には梶川平左衛門重実・津田右近助長繁二百五十騎、丸根の城に佐久間大学季盛・山田藤九郎秀親百五十騎、鷲津の城には飯尾近江守定宗・弟隠岐守信宗・織田玄蕃允信平五百廿騎……

『改正三河後風土記』に記された人数でみると、鳴海城の押えの中心は善照寺砦であったらしく、大高城の押えの方は鷲津砦であったらしいことがうかがわれる。

ただ、中島砦の果たした役割については、私は通説に疑問をもっている。通説では丹下砦・善照寺砦とともに鳴海城の押えの城、すなわち付城《つけじろ》とされているが、私は、丹下砦と善照寺砦という鳴海城のための二つの付城と、大高城の付城である丸根砦・鷲津砦とを結ぶ砦だったのではないかと考えている。

このような離れている城砦の間に連絡用として築かれる城を繋《つなぎ》の城とよんでいるが、中島砦は繋の砦だったのではなかろうか。なお、中島砦の存在が、翌十九日の桶狭間の戦いで決定的な意味をもつが、そのことについては後述しよう。

五月十八日夜　清須城

今川義元《いまがわよしもと》本隊が尾張《おわり》の沓掛城《くつかけ》に入り、部署を定めた永禄《えいろく》三年（一五六〇）五月十八日のその日、織田信長《おだのぶなが》はどうしていたのだろうか。

さきにも述べたが、信長の情報網はかなり効率よく張りめぐらされており、十八日の昼間開かれたと思われる沓掛城での軍議の模様は早くも丸根《まるね》砦の守将佐久間大学盛《もり》重《しげ》のもとに届けられていた。実際に今川軍が丸根砦の包囲に向かったことをみての判断というよりは、やはり、軍議の内容を何らかの手段によってキャッチしたとみるのが正しいであろう。

『伊東法師物語《いそくほうしものがたり》』には、「扨《さて》丸根の城にハ信長卿より佐久間大学を侍大将として宗徒の軍兵七百余騎籠被《こめおかれ》レ置たり、就《ついて》ハ明十八日、丸根の城を責ほすへきと内通有て大学方へ聞へ、則《すなわち》、飛脚を以《もつて》信長卿へかく申上ける」とあり、情報が入った日を十七日とするなどのくいちがいはあるが、「内通有て…」と重要なことを記している。今川方の中に、ひそかに信長に心を寄せている者がいた証拠である。
佐久間大学はすぐさまその情報を清須《きよす》城の信長のもとに届けさせている。『信長公記《しんちょうこうき》』に、
……十八日夜に入り、大高の城へ兵糧《ひょうろう》入れ、助けなき様に、十九日朝塩の満干を勘がへ、取出を払ふべきの旨必定《むねひつじょう》と相聞え候の由、十八日夕日に及んで佐久間大学・織田玄蕃かたより御注進申上候処、……
とあることからすれば、佐久間大学盛重から信長のもとに届けられた情報は、
(1)十八日夜に入って大高城への兵糧入れが行われること。
(2)信長方の援軍がこれないように、十九日早朝に丸根砦・鷲津砦への攻撃が行われること。
の二点で、この情報が十八日の夕方に信長の手もとに届いていたことがわかる。

なお、この『信長公記』の記事によれば、織田玄蕃允信平《げんばのじょうのぶひら》（秀敏）からも注進があったことがうかがわれ、信長としても、一つだけの情報ではなく、二つが同じ情報だったということで、その日の夜から翌十九日にかけて、今川軍がどう動くかを完全に掌握《しょうあく》していたものとみえる。

ふつうならば、これだけの情報が入ったところで、砦の守備についている部将は仕

方がないにしても、清須周辺の守りについていた部将を集め、清須城の大広間で軍《いくさ》評定《ひょうじょう》が行われるはこびとなる。「今川軍はこう動く。われらはどうすべきか」という作戦会議がもたれることになる。

事実、先行研究には、その情報がもたらされた直後、すなわち、五月十八日の夕方から夜にかけて、清須城で大評定が開かれたとしているものがかなりみられる。つまり、織田家の老臣林佐渡守秀貞《さどのかみひでさだ》（通説では通勝《みちかつ》）らがそのときの軍議の席上、「敵は四万、味方は三〇〇〇、野戦で勝ち目はない。清須城に籠城《ろうじょう》すべきだ」と籠城説を主張し、出撃説を唱える信長とぶつかりあったようにいわれている。

では、五月十八日夜、清須城中において、世上いわれているような軍議が開かれたのだろうか。

結論としては、私は、籠城説と出撃説とがたたかわされたような白熱した大評定というものは開かれなかったと考えている。

たとえば、軍議の席上での発言として伝えられるさきの林佐渡守の言葉にしても、幕末に成立した『大日本野史』あたりではたしかに軍議の席上での言葉となっているが、比較的成立の早い史書では、ちがう展開となっているのである。そのよい例は『總見記《そうけんき》』であろう。同書には、織田上総介信長公清須ノ城ニ御座有《ござあり》ケルカ、近日鳴海へ出向テ無二ニ今川ト一戦ヲ遂ヘシト被レ仰《おおせられ》、林佐渡守等申上ルハ、敵ハ四万ニ及フ大軍ナリ、味方三千ノ御人数ニテ平場ノ御合戦対揚スヘキ事ニ非ス、只此城ニ楯籠《たてこも》ラセ玉ヒツヽ敵ヲ節所ニ引請テ被二相戦一《あいたたかわれ》候へシト諫《いさ》メ申上ケレトモ、此儀少シモ御承引ナシ、去程《さるほど》ニ五月十八日ノ夜ニ入テ、敵早大高ニ参著《さんちゃく》ノ由《よし》丸根ノ城佐久間方ヨリ脚力ヲ馳テ申シ上、

……

とあり、佐久間盛重《もりしげ》らからの注進が届く以前に諫言《かんげん》があったことがわかり、軍議の席での発言ではなかったことが明らかである。おそらく後世の歴史家が、「これだけの大事を前にして軍議を開かないはずはない」と考え、「軍議を開いたなら、このような議論になったのだろう」と創作されていった可能性が高い。

『信長公記《しんちょうこうき》』に、さきに引用した部分に続けて、「其夜の御はなし、軍《いくさ》の行《てだて》は努々《ゆめゆめ》これなく、色々世間の御雑談迄《まで》にて、既《すで》に深更《しんこう》に及ぶの間帰宅候へと御暇《ひま》下さる」とあるのはこの際注目しておいてよい。さらに、「家老の衆申す様、運の末には智慧《ちえ》の鏡も曇るとは此節なりと、各嘲哢《ちょうろう》候て罷《まかり》帰へられ候」とみえていることからすれば、この日、すなわち十八日の夜、家老クラスが清須城大広間に参集したことはまちがいない。

家老たちは軍議のつもりで集まったのであろうが、作戦に関する話はいっさいなく、「色々世間の御雑談」ばかりだったというのだから、これは軍議ではない。

つまり、家老たちは「前線の丸根砦・鷲津砦から大事なしらせが入ったらしい」というわけで清須城に集まってみたが、軍議が開かれるわけでなく、雑談ばかりで時間をつぶし、「夜もふけたから、帰宅せよ」と信長からいわれ、それぞれ城下の屋敷に引き下がっていった様子がわかる。

これらの経過からすると、林佐渡守らの主張する清須籠城《ろうじょう》策を蹴《け》ったということは事実でなかったことが確実だろう。

そこで思いおこされるのが、ルイス＝フロイスの信長評である。二〇年ほどのちのことなので、そのまま同じとみることはできないかもしれないが、フロイスがその著『日本史』で、「彼（信長）はわずかしか、またはほとんどまったく家臣の忠言に従わず、一同からきわめて畏敬《いけい》されていた」と述べていることに奇妙なほど一致しているのである。

信長は、今川軍が尾張に侵攻を開始したときから、それをどう迎え撃つかの秘策を考え、その秘策を自分一人の胸の中にしまっていたのであろう。家老たちには信長の秘策はみえてこないので、退出するときに「智慧《ちえ》の鏡も曇ってしまった」とぐちをいいあったのである。

ただ、ここでおもしろいのは、ぐちをいいながらも、家老衆の一人として敵方に走っていないという事実である。七七ページで述べたように、戦国大名と家臣の主従関係はガラス細工のようにあやういものであり、この場合、「信長と心中するのはまっぴらだ」と考え、夜のうちにひそかに出奔《しゅっぽん》する者が一人や二人出たとしても不思議ではない状況であった。それが一人の落伍者《らくごしゃ》も出していない。何か表現できないような信長の魅力があったためかもしれない。

五月十八日夜　松平元康、大高城に兵糧を入れる

こうして清須《きよす》城の五月十八日の夜はふけっていった。

さて前線における五月十八日の夜はどうだったのだろうか。前線においては何といっても松平元康《もとやす》による大高《おおだか》城の兵糧《ひょうろう》入れということになるが、実は、この大高城の兵糧入れの年月日についてさまざまな異説があるのである。史料の量としては、永禄《えいろく》三年（一五六〇）五月十八日の夜とするものの方が少ない。仮に史料の量だけで大高城の兵糧入れの年を多数決で決めれば、永禄二年（一五五九）に軍配が上がってしまう。しかし、歴史は史料の量で決められるものではない。以下少しこの問題にこだわってみたい。

徳川氏に関する正史ともいうべき『朝野舊聞裒藁《ちょうやきゅうぶんほうこう》』は松平元康による大高城の兵糧入れを永禄二年のこととし、「義元、鵜殿《うどの》長助《（照）》長宗に大高を守らしむ、されと《（ど）》も城中兵粮《ひょうろう》乏きにより、義元、粮米を籠《こめ》ん事を公《（家康）》に嘱す」という綱文をたて、その割註

として、

此事、諸記年代異同あり、伊東法師物語・前橋酒井家舊蔵《きゅうぞう》聞書には弘治三年四月とし、関野濟安聞書・三河物語には永禄元年に係け、松平記・三河記大全・三河記摘要には永禄三年五月、桶狭間合戦の前の事とし、紀年録にハ鵜殿長助を大高城に籠置しは元年に係け、兵糧を入給ひし事を二年に収めて両年に係く、

と記している。諸説を整理して表にすると一〇五ページの表のごとくになり、前述のごとく、量的には永禄二年説が圧倒的に多い。

では、のちの研究者は、これら諸説のどれを妥当と判断してきたのだろうか。

桑田忠親氏は、永禄二年五月十八日のこととし（『日本の合戦』第五巻）、小島広次氏は断定をさけながらも、「永禄三年説は五月十八日のことにしている。今川方は鷲《わし》津《づ》、丸根《まるね》砦の攻撃を開始しようとしている一方、第一線基地へ兵糧入れとは、なんと準備の悪いことであろう。もちろん、何回かにわたって糧食《りょうしょく》は運送されていたであろう。それにしても、義元の本隊が明日は尾張《おわり》領内へ進攻というのに、糧食窮乏《きゅうぼう》の知らせが本陣にとどいたので、急ぎ危険をおかして運び入れさせたとは少しおかしすぎる」（『今川義元』）と述べ、永禄三年説には否定的な立場をとっている。

たしかに、五月十九日の桶狭間《おけはざま》の戦いの前日の兵糧入れとは今川軍の無計画ぶりを

さらけ出しているとの印象をうけるが、これは、歴史を結果からみた解釈である。義元は自分が五月十九日に討たれるなどとは思っていない。本隊の進軍とともに、本隊の糧秣《りょうまつ》を大高城に入れさせただけであって、予定の行動だったのではなかろうか。私は永禄三年（一五六〇）五月十八日の夜のことと考えている。

松平元康による大高城兵糧入れは、元康の「名高い武勲」（中村孝也『徳川家康公伝』）の一つとして喧伝《けんでん》されたため、江戸時代、徳川御用史家によって書かれた史書には必ずといってよいほどとりあげられ、内容も詳細となっている。しかし、くわしいから書かれていることが正しいとは限らないのが歴史である。このことは元康の大高城兵糧入れにもあてはまる。

では、具体的に大高城の兵糧入れはどのように行われたのであろうか。

一〇五ページに掲げた史料の中では、史料としての信憑性《しんぴょうせい》の高さからいうと『信長公記《しんちょうこうき》』と『三河物語《みかわものがたり》』が群を抜いている。しかし、『信長公記』は、元康の大高城兵糧入れについては、「今度家康（ママ）は朱武者《あけむしゃ》にて先懸《さきがけ》をさせられ、大高へ兵粮入れ、鷲津、丸根にて手を砕き、御辛労なされたるに依て、人馬の息を休め、大高に居陣なり」と記すのみで、ちっとも具体的ではない。

その点『三河物語』は、兵糧入れのあった年を永禄元年（一五五八）としているのが気になるが、いきさつについてはもっとも信頼できるのではないかと考えている。

やや長いが関係する部分を引用しておこう。

永禄元年《(ママ)》戊午の年、御年十七歳にシテ、大高之兵粮入ヲ請取せラレ給ひて入サせ給ふ処に、敵モ出て見えケレバ、物見ヲ出サせ給ひシに、鳥井《(居)》四郎左衛門尉《(忠広)》・杉浦藤次郎《(時勝)》・内藤甚五左衛門尉《(忠郷)》・同四郎左衛門尉《(正成)》・石河十郎左衛門尉ナド見て参、「今日之兵粮入は如何御座可レ有哉《いかがござあるべきか》。敵、陣《イクサ》ヲ持て候」ト被二申上一候処え、杉浦八郎五郎《(勝吉)》参て申上候は、「早々、御入候ラエ」ト申上ケレバ、各々被レ申ケルハ、「八郎五郎ハ何ヲ申上候哉。敵、気負イて陣ヲ持タル」ト云。八郎五郎申、「イヤ〳〵、敵は陣ハ不レ持。御旗先ヲ見て、山なる敵方が下えヲロサバ、陣ヲ持タル敵ナレ共、御旗先ヲ見て、下なる敵が上え引上申せバ、莵角《とかく》に敵は武者ヲバ持ヌ敵にて御座候間、早々入サせ給え」ト申ケレバ、「八郎五郎ガ申ゴトクなり。早々入ヨ」ト被レ仰て、押立て入サせ給えバ、相違ナク入給ひテ引退ケ給ふ。大高之兵粮入ト申て、御一大事なり。

『三河物語』は表現上わかりにくい部分も多い。そこで、同じ兵糧入れのいきさつについて記している『改正三河後風土記《みかわごふどき》』の関連部分もあわせて引用しておこう。

……神君御舘に帰り給ひ、鳥居四郎左衛門忠広・石川十郎左衛門知総・内藤甚五左衛

門善教・杉浦藤次郎時勝・内藤四郎左衛門正成を召て仰けるは「義元より某をよんで、大高城へ兵粮入ん事を頼まれたり。彼大高城といふは敵の間に挟まれたれば、兵粮入ん事尤《もつとも》大事なり。汝等《なんじら》いそぎ彼所へ馳行《はせゆき》、敵の形勢地形の難易道程の広狭、よくよく見定めて来るべし」と仰せられければ、このともがらかしこまりて馳行、その跡に杉浦八郎五郎勝吉御前に参れば、是にもはやく見て帰り来るべしとてつかはさる。

鳥井・石川等やがて馳返り申けるは「信長の勢多く道筋に陣取たれば、もし兵粮を入んとせば、必小荷駄《こにだ》を追落され、味方はなはだ難渋すべし」と申所へ、杉浦勝吉馳帰り「大高の兵粮入ん事子細《しさい》有べからず」と申上る。神君聞召《しんくんきこしめし》「汝何を見定めかくは申ぞ」と仰《おおせ》らる。杉浦答けるは「信長の軍勢敵の旗を見ば、たとへ山上に備へたりとも、山より麓に引下し敵を待べきなり。然るに山上に陣を引上る様子をみるに、戦を持たる敵にあらず、幸に道路も広ければ、小荷駄を中央に引付て、軍勢前後左右より取かこみ、段々に押通らんに子細あるべからず」と申ければ、神君「汝が申所尤《もつとも》なり」と仰られ、先《まず》寺部・梅坪の両城へ人数を遣され、城辺の民屋を焼立給へば、鷲津・丸根両城の番兵共は、寺部・梅坪の両城敵に責落さるると思ひ、これを救はんと人数を出す。

神君は兼て小荷駄備立を下知《げち》し給ひ、先軍勢を三に分て、一備を四武の正陣の如くにして三段に備させ、本陣たるべき所には、兵粮付たる小荷駄を立て、其備立五の目に似たり。一備の其間半町を隔て遊兵を置、五十騎を一手として、弓鉄炮を組合せ、左右前後に立らる。敵横合より討てかからば、右の一手を以て彼敵を押へ、次の一手は横合に入べし。遊軍前後の軍兵等は、合戦には少しも構《かま》はず、小荷駄を守護して、左の前後二手を随《したが》へ打通るべし。敵なを小荷駄をしたはんには、左の手より救て敵を討て。右の手に入替り、此間に右の手は又遊兵に随て小荷駄を守り通るべし。左の方より横入するも又先の如くに戦て、前後左右の軍勢互に心を示し合せ、助合て戦ふべしと明細に教諭し給ひ、小荷駄に兵粮を負せ大高へぞ遣《つか》はさる。

やや長い引用になってしまったが、このあと一〇五ページの図のような「大高城兵粮入の図」を挿入《そうにゅう》している。

なお、同書によれば、兵糧入れのときの人数は八〇〇で、小荷駄が一五〇〇匹、米四五〇俵としているが、『尾張古戦場記《おわりこせんじょうき》』では、「其勢一千餘騎」としている。八〇〇から一〇〇〇ぐらいの人数でことにあたったものと思われる。

ただ、右に引用したうち、元康が、鷲津砦《わしづとりで》・丸根砦《まるねとりで》の信長方城兵の注意を寺部城《てらべじょう》・梅坪城《うめつぼじょう》の方に引きつけるため、城の近くの民家に放火したとしている点は疑問である。この部分は元康の初陣《ういじん》のときの戦いと混同されており、そのまま史実としてうけとめるのは危険である。

では、事実としてはどうだったのだろうか。この元康の大高城兵糧入れは、さきにも述べたように、家康一代の軍功の中でも代表的なものの一つに数えられたため、家康家臣の家譜《かふ》類にとりあげられていることも多く、その線から事実関係を明らかにしていく方法もある。

たとえば、奥平《おくだいら》氏の家譜である『奥平家伝記』には、「永禄二年、今川義元尾州大高の城を攻取、鵜殿長助を入置候処《いれおきそうろうところ》に、織田信長より押へとして丸根村に取出《とりで》を築、其外所々に要害をかまへ相守候故、味方通路自由ニ而大高の城兵粮乏しく難儀に及候由注進ニ付、同年二月権現様《ごんげんさま》御出陣、城へ兵粮を入候御下知《げち》の処に、尾州衆備《そなえ》を出し是を妨《さまたげ》申候、奥平貞勝、人数を以相戦、自ら敵に当り追崩《おいくずし》申候、此間に城へ兵粮御入被レ遊《あそばされ》候、依レ之《これにより》義元ゟ《より》貞勝方へ感状被レ遣《つかわされ》候」と記されており、元康の家臣が丸根砦・鷲津砦といった大高城の付城《つけじろ》にいる信長方の兵と戦い、砦の兵がそちらに向いている間に小荷駄隊が兵糧を入れるのに成功したとしている。おそらく、事実としてはこのような入れ方であったのであろう。

元康の置かれていた立場

松平元康《もとやす》の大高城兵糧《ひょうろう》入れについて詳しくみてきたついでなので、ここで、この段階の元康の置かれていた立場についてみておきたい。

桶狭間《おけはざま》の戦いのあった永禄《えいろく》三年（一五六〇）のこのとき、元康は十九歳であった。義元《よしもと》はそのころの元康をどのようにみていたのであろうか。この点で注目されるのは、それまで幼名竹千代《たけちよ》を名乗っていたのが、弘治《こうじ》元年（一五五五）三月に元服《げんぷく》し、元信《もとのぶ》と名乗ったことである。のちに元康と改名するが、諱《いみな》に〝元〟の字を使っている点は注目される。つまり、義元が竹千代の元服に際し、自分の一字を与えていることが確実で、これを偏諱《へんき》といっているが、与えられた側としては非常な名誉だったのである。

たとえば、今川氏の家臣の名前をみていくと、朝比奈元徳・同元智・天野元景・伊東元実・一宮元実・岡部元信・蒲原元賢・斎藤元清・孕石《はらみいし》元泰・三浦元政・牟礼元誠など、〝元〟の字のつく家臣が多くみられるが、これらはいずれも重臣クラスか義元の側近である。ということは、松平元康もそれと同じかそれに近い扱いをうけていたことがわかる。単なる人質では、自分の偏諱を与えるようなことはしないであろう。

もう一つ注目されるのは、弘治三年（一五五六）正月十五日に、元康は関口義広の娘を娶《めと》っている点である。関口義広は義元の重臣で、しかも義広の妻は義元の妹といわれているので、義元は自分の姪《めい》を元康に嫁がせていることになる。これも、もし、元康が人質だったとすれば、破格の厚遇《こうぐう》をうけた人質ということになろう。

以前、新行紀一氏が、「若き日の家康」（『戦国の覇者《はしゃ》徳川家康展』図録）で、つぎのように述べたことがある。

一般に、駿府《すんぷ》時代の家康は人質であったというが、これはおかしい。人質とはふつう、降伏《こうふく》（臣従《しんじゅう》）・同盟などにあたって近親者を相手に渡して異心のないことを示すこと、およびその人間をいう。ところが当時の家康は、当主を失った松平宗家《そうけ》の唯一の男性で、やがて宗家をつぐべき者である。義元は幼少の家康を庇護《ひご》して、その成人をまって家督《かとく》を保証したのであって、これは一種の御恩である。しかも義元の姪を配したことは、家康を外様《とざま》の一家臣ではなく、今川一門格として扱うことである。このような厚遇の人質はありえない。幼年時代の辛酸《しんさん》が後の大成の基礎になったというような家康神話は再検討されねばならないであろう。

私も新行氏の考え方に賛成である。義元が自分の偏諱を与え、自分の姪を元康に嫁がせたことは、元康をとりこもうとしたことを物語っている。では、義元は、なぜこうした「御恩」を与えてまで元康をとりこもうとしたのであろうか。

理由として考えられるのは、松平領としての西三河《みかわ》の政治的な位置というものが大きな要因となっていたものと思われる。周知のように、元康の祖父にあたる清康《きよやす》のときに、西三河は清康によって平定され、すでにみたように、清康は尾張《おわり》に侵攻して織田信秀《のぶひで》とも戦っている。つまり、一人の独立した戦国大名として歩きはじめていたのである。それが清康の死、その子広忠《ひろただ》の死という不慮《ふりょ》の死が重なり、強力な二つの勢力である今川氏と織田氏にはさまれた松平氏としては、そのどちらかの保護をうけざるをえない状況となったわけである。

そして、松平氏が選んだ道は、今川氏の〝保護国〟となる方向であった。竹千代、すなわち元康は、駿府で成人したのである。

ただ、ここで一つ疑問になるのは、「人質というのでなければ、元康が元服《げんぷく》し結婚した時点で、義元は元康を岡崎城にもどしたはずではないか」という点である。事実経過としては、永禄《えいろく》元年（一五五八）二月、元康が三河の寺部《てらべ》城（豊田市寺部町）に鈴木日向守重辰《ひゅうがのかみしげとき》を攻め、いわゆる初陣《ういじん》をみごとな勝利で飾ったあと、岡崎城の老臣たちが、「そろそろ元康を岡崎城に復帰させていただきたい」と義元に申し出たにもかかわらず、この申し出は却下《きゃっか》されてしまっている。

義元としては西三河の平定、さらに尾張の侵攻に松平家臣団の力が不可欠と考えていたのであろう。また、その時点で不安定な岡崎城に復帰させてしまうことに一抹《いちまつ》の不安があったものと考えられる。元康および松平家臣団の動きをコントロールするためには、松平家臣団にとって〝珠《たま》〟である元康自身の身柄を駿府に拘束《こうそく》しておく必要があったわけである。

[史料にみる大高城の兵糧入れの年]

弘治3年説(1557)	『伊東法師物語』『前橋酒井家旧蔵聞書』
永禄元年説(1558)	『三河物語』『関野濟安聞書』
永禄2年説(1559)	『朝野舊聞裒藁』『武徳編年集成』『官本三河記』『改正三河後風土記』『御年譜』『家忠日記増補』『御庫本三河記』『武徳大成記』『治世元記』『成功記』『創業記考異』『落穂集』『三河故事』『武辺咄聞書』
永禄3年説(1560)	『信長公記』『松平記』『總見記』『甫庵信長記』『三河記大全』『三河記摘要』

[大高城兵糧入れの図]

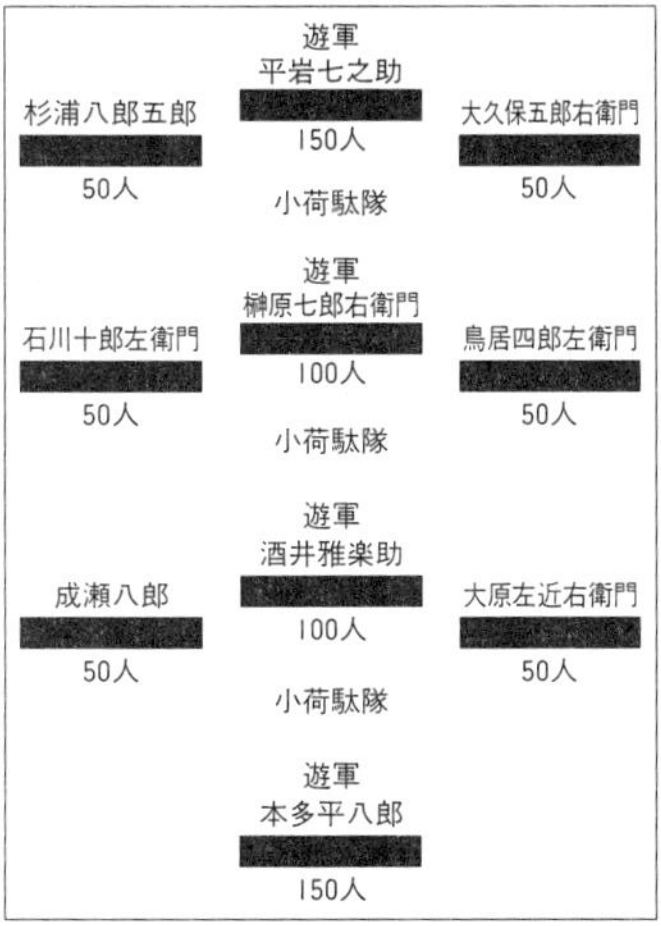

五月十九日午前三時ごろ　元康、丸根砦を攻める

さて、いよいよ運命の五月十九日である。この日の戦いは、大高城《おおだかじょう》に兵糧《ひょうろう》を入れ終った松平元康《もとやす》隊によってはじめられた。元康率《ひき》いる軍勢が、信長《のぶなが》方によって大高城の付城《つけじろ》として築かれていた丸根《まるね》砦への攻撃を開始したことが開戦の合図となったのである。

では、元康による丸根砦総攻撃は五月十九日の何時ごろからはじまったのであろうか。元康に関係することなので、近世に成立した史書は多いが、残念ながら時間まで書き記したものは見当たらない。『桶狭間合戦記《おけはざまかっせんき》』が「十九日未明」とし、『武徳編年集成《ぶとくへんねんしゅうせい》』が「十九日黎明《れいめい》」としている程度で、先行研究においても、十九日未明、あるいは十九日早暁《そうぎょう》というとり方をしている。

未明とか早暁というだけでは、丸根砦の戦いの本質をつかんだことにはならないのではなかろうか。私は、元康による丸根砦の攻撃は午前三時ごろにはじまったとみて

いる。つまり、意外なことに、丸根砦の戦いは夜戦だったのである。

「未明」あるいは「黎明」を午前三時ごろと推定した理由は、信長の動きからの逆算である。あとでくわしくふれるが、午前四時ごろ清須《きよす》城を飛び出した信長は、午前八時ごろに熱田《あつた》社で勢揃いをすることになるが、午前四時には、「丸根砦・鷲津《わしづ》砦が攻められている」という早馬が清須城に到着していなければならない。丸根砦—清須城間を、どのくらいの時間で早馬が駆けぬけられるかがポイントであるが、距離的なことをみて、一時間と考えた。つまり、午前三時には、元康による丸根砦攻めがはじまり、佐久間大学盛重《もりしげ》がその緊急事態を信長に報告するため、使者を派遣していなければならない。

もし、烽火網《のろしもう》が発達していれば、丸根砦から清須城への連絡時間が大幅に短縮されるので、元康による丸根砦攻撃の開始時間はもう少し遅くなる可能性はある。

丸根砦の守兵は前述したように信長の部将佐久間大学盛重を大将とし、およそ四〇〇であった。それを一〇〇〇（一説には二五〇〇）の元康の軍勢が攻めはじめた。

城将佐久間盛重は、「当城　僅《わずか》ニ騎士四百、今川ノ大兵急ニ攻バ忽《たちま》チ陥ラン、各ハ速《すみやか》ニ去テ可ナリ、我一人爰《ここ》ニ死スベシ」（『武徳編年集成』）といって、城兵が砦を落ちて清須城の信長に合流することを勧めている。しかし侍大将の服部玄蕃《げんば》らが一戦をとげることを主張し、ここで元康の軍勢を迎え撃つことになった。

丸根砦といっても、大高城の付城《つけじろ》として築かれたもので、そこに籠城《ろうじょう》して戦うことを計算して築かれたわけではなかった。そのため、佐久間大学、服部玄蕃らは相談し、城外に討って出て戦う作戦をたてたのである。

　このとき、元康は軍勢を三手に分けている。一手は「正兵」で、正規軍というか、正面攻撃軍であり、一手は「遊兵」で、奇襲攻撃軍であり、もう一手が「御馬廻《おうままわり》」、すなわち、元康の旗本ということになる。

　全体の先鋒《せんぽう》は石川日向守《ひゅうがのかみ》家成《いえしげ》、「正兵」の将は、形原《かたのはら》松平又七郎家広《いえひろ》以下七二名、「遊兵」の将は能見《のうみ》松平次郎右衛門重吉《しげよし》以下五四名、「御馬廻」には酒井忠次《ただつぐ》、石川数《かず》正《まさ》ら四九名であった。

「正兵」が丸根砦に攻めかかったとき、突如、城門が開いて、城兵が討って出てきた。元康の軍勢は、丸根砦の城兵が籠城するとばかり思いこんでいたので、不意をつかれた形となり、前軍が崩れかけた。

　これをみた元康は、「渠《かれ》微勢ナレバ城ヲ守リ防グベキニ、却ツテ進ミ来ルコト一戦ニ有無ヲ決セント欲スト見ヘタリ、率爾《そつじ》ニ槍ヲ入ベカラズ、足軽軍ニテ会釈セシメ、透間ヲ量リ、城ヲ乗取ベシ」（『武徳編年集成』）との新しい下知《げち》をしている。これが、

『改正三河後風土記《みかわごふどき》』になると、「城兵は小勢なり、寄手《よせて》は大勢なり、城兵堅く城を守りて防戦すべきを、城兵只今《ただいま》切て出んとする有様は、必死の一戦を心懸るとみゆるぞ、味方猥《みだ》りに戦ふべからず、弓・炮を以て挑戦し、透間をみて城を乗とれ」と下知したことになっている。だいたいにおいて、このようなことを元康は命じたものであろう。

これから先は両軍入り乱れてのはげしい戦いになった。

『伊東法師物語《いそくほうしものがたり》』に、「敵味方のときの声、矢さけひ(び)の音、百千のいかつちの鳴落るかと覚たり」とあるのも決して誇張した表現だったとはいえないようである。一進一退のはげしい戦いが続き、正確な時間はわからないが、ようやく九時か十時ごろになって丸根砦を落とすことができた。

城将佐久間大学助盛重《もりしげ》をはじめ、城兵のほとんどが討死《うちじに》したわけであるが、このときの戦いで佐久間盛重は戦死せず、城を明け渡して落ちていったとする史料もある。

たとえば、『三岡記《さんこうき》』には、

丸根ノ城ニ佐久間大学籠《こもり》ケルヲ、元康公ノ先手勢攻詰ル故、大学アツカヒヲ入レ、城ヲ立退ヌ、然《しかれ》トモ此トキノ合戦ニ松平善四郎、高力新九郎、筧《かけい》又蔵《またぞう》以下岡崎衆餘多討死ス、サレトモ義元ノ旗下ニナヒカヌ(なびかぬ)者ハナキト云々、

とあり、佐久間盛重が曖《あつかい》、すなわち和議《わぎ》を申し出て、城を出ていったという解釈をし

ている。しかも、史料としての信憑性《しんぴょうせい》の点では定評のある『三河物語《みかわものがたり》』も、「押寄て責給ひケレバ、程無《ほどなく》タマラズシテ、作間《(佐久)》ハ切て出ケルが、雲《(運)》モ尽キズヤ、打モラサレて落て行。家の子郎従共ヲバ悉《ことごとく》打取」と、佐久間盛重は丸根砦では討死しなかったことを伝えているので、うまく脱出していった可能性は考えられる。

なお、さきの『三岡記』を引用したところでも、元康方の討死した者の名が列挙されていたが、元康側のこうむった犠牲も相当なものであった。

松平善四郎は大草松平の松平正親のこと、高力新九郎は高力重正のこと、筧又蔵は筧正則のことであり、その他、『武徳編年集成《ぶとくへんねんしゅうせい》』によると能見《のうみ》松平の松平庄左衛門重昌も討死しており、松平家臣団を支える重要な部分も討死していたことがうかがわれる。元康としてもこの戦いでは大きな犠牲を払ってしまったのである。

なお、そのあと大活躍をする鳥居彦衛門元忠《とりいひこえもんもとただ》・本多平八郎忠勝《ほんだへいはちろうただかつ》らは丸根砦の戦いが初陣《ういじん》であった。

戦いが一段落したあと、元康は大将首を選んで、義元の本陣に届けさせた。午前十一時ごろには義元のもとに届けられたと思われる。時間的にみると、義元は沓掛《くつかけ》城を出て桶狭間《おけはざま》に向かう途中であったろう。

元康からの丸根砦陥落の報告をうけとった義元はよろこび、「大高城は鵜殿長照《うどのながてる》にかわり、元康が守れ」と下知している。使者がもどってこの旨《むね》を元康に伝えたのは、時間の経過からちょうど正午ごろのことではないかと考えられる。鵜殿長照が大高城を出て、元康が大高城に入ったのである。

義元が鵜殿長照に代えて元康を大高城に入れたのは、十八日夜の大高城兵、糧《ひようろう》入れと十九日早暁《そうぎよう》の丸根砦攻めを成功させた論功行賞《ろんこうこうしよう》とする見方が一般的である。たとえば、『武徳大成記《ぶとくたいせいき》』には、「義元以為《おもえらく》、大高ハ尾州ノ要衝ナリ、勇将ヲ択《えらび》テ守ラシメント、左右云ケルハ、元康君丸根ノ城ヲ攻陥シテ、勇威サカンニ著《あらわ》ル、此《これ》ニ過《すぎ》タル人ナシト、義元即チ神君ヲシテ大高ヲ守ラシム」とある。しかし、こうした近世成立の徳川御用史家の解釈をそのまま鵜呑《うの》みにしてよいものであろうか。

もっとも、『伊東法師物語』は少しちがった解釈をしている。丸根砦・鷲津砦を取られた信長は、必ずやそれを取り返しに大高城を攻めにくるはずだという。「だから元康を大高城に入れたのだ」という。ややうがちすぎた解釈といえないこともないが、三河衆を尾張攻めの弾《たま》よけ部隊と考えている義元としては、その程度の〝捨て殺し〟戦略ぐらいはとっていたかもしれない。

ただ、この点については『信長公記《しんちようこうき》』が一つの回答を用意している。きわめて短文であるが、……今度家康は朱武者《あけむしや》にて先懸《さきがけ》をさせられ、大高へ兵粮入れ、鷲津、丸根にて手を砕き、御辛労なされたるに依《より》て、人馬の息を休め、大高に居陣なり。

とある点が注目される。

元康の兵は、十八日夜の大高城兵糧入れと、十九日早暁からの丸根砦攻めで疲れている。疲れた人馬を休ませるために大高城に入れたという解釈である。

それまで大高城の城将であった鵜殿長照とその兵たちは力を温存していた。つまり、本格的な清須《きよす》方面への侵攻にあたっては、疲れきった松平隊よりも、力を温存していた鵜殿隊のほうが働くはずである。常に新手《あらて》をくりだす方が実際の戦いでは有利であり、このときの義元の判断は、その意味では「兵法《ひょうほう》の常道《じょうどう》にしたがったまで」とみることができる。

それにしても、元康にしてみれば、これは運命の別れ道であった。丸根砦を落としたあと、義元本隊への合流を命じられていれば、へたをすれば義元とともに討死してしまったことになったかもしれないし、仮に討死しなかったとしても、他の敗走兵とともに駿府《すんぷ》にまで兵をもどすはめに陥《おちい》っていたかもしれないからである。大高城に入ることができたことが、元康のその後の運の開けはじめであったといえよう。

鷲津砦も攻撃開始

今川《いまがわ》方の大高城《おおだかじょう》に対する信長《のぶなが》方のもう一つの付城《つけじろ》である鷲津《わしづ》砦の戦いであるが、『家忠日記増補《いえただにっきぞうほ》』に「十九日黎明《れいめい》ニ今川方先鋒ノ将朝比奈備中守泰能、鷲津ノ敵城ヲ厳シク攻テ是ヲ抜ク」とあり、『武徳編年集成《ぶとくへんねんしゆうせい》』に「丸根ノ城攻ト同刻」とあるように、さきにみた丸根砦の戦いと同じく、五月十九日の午前三時ごろから戦いがはじまった。丸根砦とまったく同じで、夜戦として戦いがはじまったのである。

ただ、戦いの開始時刻については異説もあり、『酒井本三河記《さかいぼんみかわき》』は、

鷲津ノ城ハ四百餘騎ニテ持ケルカ、朝比奈備中守先手トシテ、十九日ノ巳《み》ノ刻ニ、六千餘騎ニテ押寄タリ、城兵大手ヘ馳向ヒ、喚キ叫ンテ戦ヒ、搦手《からめて》ヨリ落行ケリ、朝比奈カ軍兵一ノ戸張ヘ馳寄テ立ケル、

と記し、戦いを巳刻、すなわち午前十時としている。しかし、後述するように、巳刻というのは鷲津砦が陥落した時間ではなかろうか。それと、『酒井本三河記』で攻城

軍、すなわち今川軍を「六千餘騎」としているのは疑問である。仮に「六千餘騎」ではなく、「六千餘」であっても、六〇〇〇では多すぎる。せいぜい多くみても二〇〇〇ぐらいだったのではなかろうか。

ところで、城攻めの大将であるが、さきに引用した『武徳編年集成』のように、朝比奈《あさひな》備中《びっちゅうのかみ》守泰能《やすよし》とするのが一般的である。しかし、すでに四七ページでも検討したように、泰能はすでに弘治《こうじ》三年（一五五七）に歿してしまっているので、このときの朝比奈備中守というのは、親の備中守をそのままうけついだ子の備中守泰朝《やすとも》でなければならない。桶狭間《おけはざま》の戦いに関係する先行研究がすべて朝比奈泰能となっているので、この点はここで特に強調しておきたい。

丸根《まるね》砦の戦いは元康《もとやす》が主人公だったので、戦いの模様をことこまかに記した軍記類も多くあったが、鷲津砦の場合は義元の重臣中の筆頭ともいうべき朝比奈泰朝が大将なので、徳川御用史家もそれまでくわしく書く意思がなかったものとみえ、記述はどれも簡単である。

その中でも比較的くわしく記しているのが『改正三河後風土記《みかわごふどき》』で、つぎのごとく記されている。

十九日には義元の先陣朝比奈備中守泰能・井伊信濃守直盛に鷲津の城を攻しむ。

城主飯尾近江守《いのおおうみのかみ》並弟隠岐《おき》守・織田玄蕃允《げんばのじょう》等四方を下知し、弓鉄炮雨霰《あめあられ》の如く射出し打出し、防戦すといへども、寄手《よせて》大軍新手《あらて》を入替々々、息をも継がず責立しかば、守将飯尾近江守はじめ城兵多半討死し、残る徒はひそかに城を逃出て散々に落失たり。

この記述によって、丸根砦の方が城外に討って出たのに対し、鷲津砦の方は砦に籠《こも》って籠城《ろうじょう》策をとったことがわかる。しかし、鷲津砦は大高城の付城《つけじろ》として築かれた砦で、最初から籠城して戦うことなど想定していたわけではないので、結局は攻め落とされてしまうことになる。

鷲津砦を最後まで死守し、討死した飯尾近江守定宗であるが、飯尾という姓から連想されるように、京都の室町幕府の相伴衆《しょうばんしゅう》の一人で、従四位下《じゅしいのげ》・侍従《じじゅう》という官位《かんい》ももっていた人物である。尾張の奥田城（稲沢市奥田町）の城主織田左馬助《さまのすけ》敏宗の子で、京都の名族飯尾氏の養子になっていたという。その飯尾定宗がなぜ尾張にもどってきたのかは明らかでないが、桶狭間の戦いのころは故郷の奥田城の城主となっていた。織田一族ということで、砦を捨てず、最後まで奮戦《ふんせん》したのであろう。

五月十九日午前四時ごろ　二砦戦闘の報、信長に届く

五月十八日の夜ふけ、といっても、実際には午前零時をまわっており、十九日になっていたかもしれないが、信長《のぶなが》は重臣たちをそれぞれの屋敷に帰し、一人寝所に入った。眠ったということにはなっているが、本当に眠りについたかどうかは疑わしい。「いよいよ今川《いまがわ》の大軍が尾張《おわり》領に侵攻してきた」という緊迫《きんぱく》した状況では眠れたかどうかはわからない。どう迎え撃《う》つかを考えれば考えるほど、目はさえてしまったのではなかろうか。

午前四時ごろ、前線の丸根《まるね》砦・鷲津《わしづ》砦からの早馬《はやうま》が清須《きよす》城の城門に入っていった。午前四時ごろとしたのは、私の推定した時間である。『信長公記《しんちょうこうき》』には、「夜明けがたに、佐久間大学・織田玄蕃《げんば》かたより早鷲津山・丸根山へ人数取りかけ候由《よし》、追々御注進これあり」と記されているのみで、ただ「夜明けがた」というだけでは正確な時間はわからないが、熱田《あつた》社への集結の時間を考慮して、ここでは、前線からの注進が午

前四時ごろ、信長に届けられたというふうに考えておこう。

いうまでもなく、このときの注進は、佐久間大学助盛重《もりしげ》からのものは「松平元康《もとやす》が兵一〇〇〇をもって丸根砦を攻めはじめた」というもので、鷲津砦の織田玄蕃允《げんばのじょう》信平《のぶひら》からのものは、「今川方先鋒朝比奈泰朝《せんぽうあさひなやすとも》の兵二〇〇〇が鷲津砦を攻めはじめた」というものであった。

「すでに丸根・鷲津の二砦陥落《かんらく》」というしらせが入ったように書かれることがあるが、この間のいきさつをくわしくみてきたことからもうかがわれるように、第一報は「戦闘開始」の報であったことは確実である。二砦ともそう簡単には落ちなかったことはすでにみた通りである。

信長はどのような思いでこの第一報、「戦闘開始」の報を聞いたであろうか。はね起きるや否《いな》や、広間へ出ていった。

いっぽう、早馬二騎が清須城の城門にかけ入ったという情報は重臣たちの耳にも入り、主だった家臣たちが続々と登城し、広間へ詰めかけてきた。家臣たちは、「今度こそ軍議が開かれるだろう」「殿がどのような作戦を考えているか披露《ひろう》されるにちがいない」と、期待と不安がいりまじったおももちで信長の顔をみあげていたのである。

●コラム●丸根砦攻め部将名簿（『武徳編年集成』より）

「正兵」
松平又七郎家広
同七郎昌久
同彌右衛門
同右近
同半助
同金助
加藤播磨景元
酒井将監忠尚
米津藤蔵
上野三郎次郎
河澄半七郎
柴田小兵衛正和
酒井功之助
足立左馬助
蜂谷半之丞貞次
大橋伝七郎
山本小四郎
月晦左馬助
酒井作右衛門頼次
大見藤六郎
天野太郎兵衛
加藤伝十郎
大久保右衛門八
近藤伝十郎
赤松日根之丞
酒井又六郎
佐野與八郎
酒井囚獄
「遊兵」
松平勘解由康定
同玄蕃允清善
同勘四郎信一
同三蔵直勝
同次郎右衛門重吉
本多肥後守忠真
鳥居伊賀守忠吉
小栗勘兵衛
同仁右衛門忠吉
加藤日根之丞
中根十三郎
村越十三郎
同久兵衛
同勘五兵衛
同左太郎
榊原彌平兵衛忠政
荻田武左衛門
赤根彌六郎

赤根彌太郎
同藤三郎
松平伝十郎勝吉
山田清七郎
山本四平
加藤小左衛門重常
同伝蔵
波切孫四郎
本多喜蔵
天野清兵衛
足立孫四郎
石川善五左衛門
赤松新左衛門
天野助兵衛
同甚四郎
村越新十郎
同左吉

赤根彌次郎
永見新右衛門勝定
遠山平大夫康政
近藤場左衛門
青木善九郎
川澄文助
川上十左衛門
池波之助
同水之助
岩堀忠七郎
平岩五左衛門正広
杉浦藤蔵吉正（後長左衛門ト改ム）
同八郎五郎鎮貞
渡辺勘解由左衛門
同甚平治
吉野助兵衛
山田彦八郎

青木平大夫
筧平三郎重忠
同牛之助重成
同助大夫正重
山本才蔵
小野新平
村井源四郎
平井善次郎
黒柳彦内
斎藤彦市
水野藤七郎
大久保七郎右衛門
忠世
同治右衛門忠佐
渡辺平六郎貞綱
同半十郎政綱
同八郎五郎義綱（後八右衛門ト改ム）

久世平四郎長宣
小栗五郎左衛門
同大六重常
朝比奈五郎作
大切七蔵
鳥居四郎左衛門
信元
加藤源蔵
大野伝右衛門景房
加藤又蔵
斎藤喜一郎
青山喜大夫忠門
久米新四郎
八国甚五郎
酒井喜八郎
安藤九助重次
筒井與左衛門

土屋甚助重信
同甚七郎
内藤甚五左衛門
　善教
同四郎左衛門正成
佐橋乱之助吉久
大橋左馬助
石川大八郎
同右衛門
内藤與八郎
江原孫助
本多三九郎
浅見金七郎
同主殿
三浦平三郎
近藤新九郎
黒柳金七郎

「御馬廻」
酒井左衛門尉忠次
同雅楽助正親
石川伯耆守数正
本多豊後守広孝
同作左衛門重次
植村新六郎家政
高力與左衛門清長
天野三郎兵衛康景
阿部善九郎正勝
平岩七之助親吉
同善十郎
同新八郎
内藤與惣兵衛正次
同三左衛門信成
植村庄右衛門忠安
高木九助広正

新見太郎兵衛
今村彦兵衛勝長
松平彌九郎忠次
江原孫三郎
大竹源太郎吉治
朝岡久五郎
斎藤彦太郎
朝岡新蔵
植村権内
松平十郎三郎康孝
鳥居鶴之助
同林五郎
林藤四郎忠正
鳥居久五郎
加藤九郎兵衛
同十三郎
中根藤蔵

山田平五郎
赤根甚五郎
大野宗兵衛
矢田作十郎
大久保五郎右衛門
　忠勝
本多甚四郎
石川七郎左衛門
同新七
同新九郎
成瀬新兵衛
酒井又蔵
同造酒助
佐野與五郎
内藤孫十郎
石川又十郎

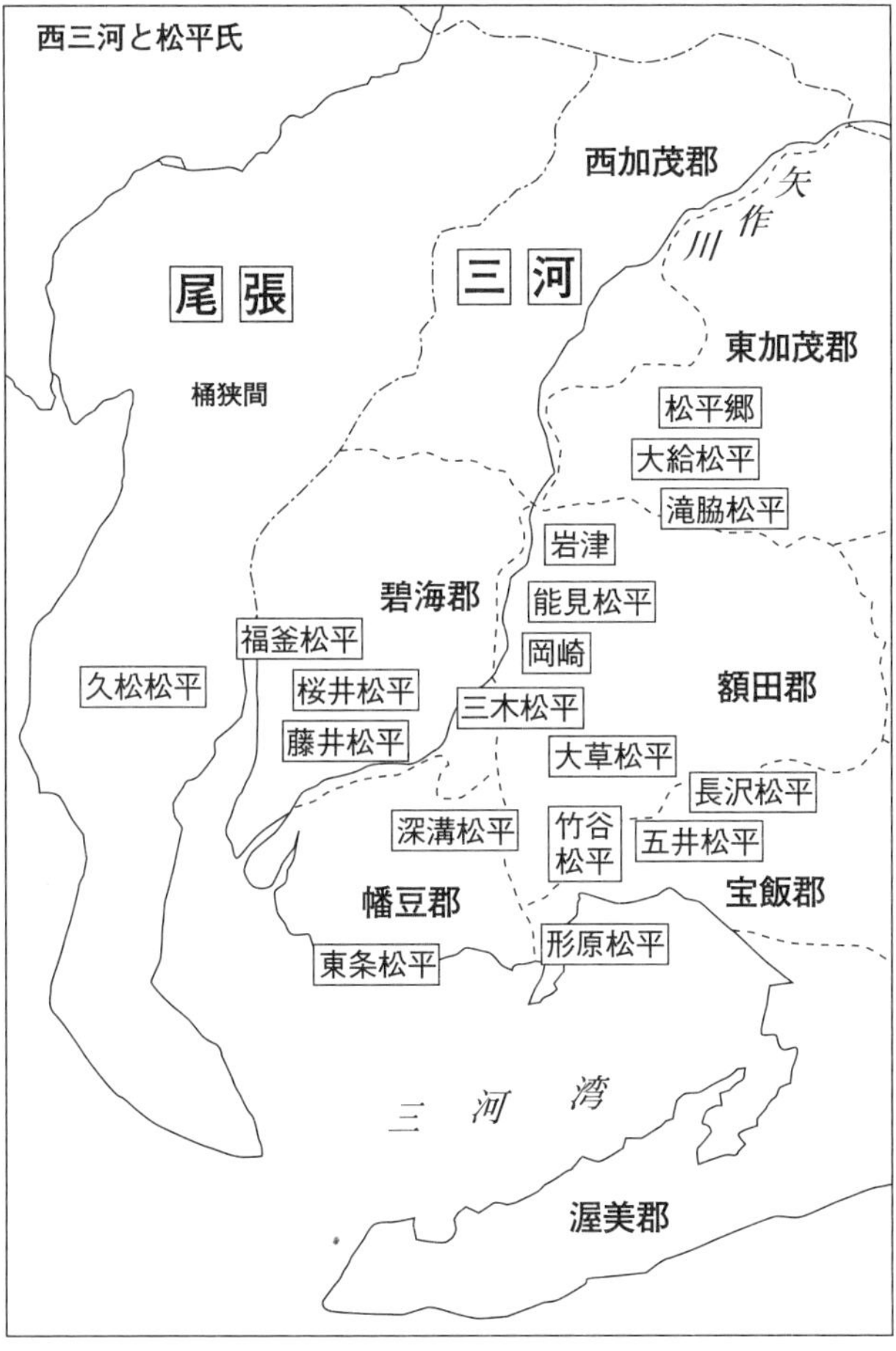
西三河と松平氏
西加茂郡
矢作川
尾張
三河
東加茂郡
桶狭間
松平郷
大給松平
滝脇松平
岩津
碧海郡
能見松平
福釜松平
岡崎
久松松平
桜井松平
額田郡
三木松平
藤井松平
大草松平
長沢松平
深溝松平
竹谷松平
五井松平
幡豆郡
宝飯郡
形原松平
東条松平
三河湾
渥美郡

第四章　清須城を討って出る信長

五月十九日午前四時ごろ　信長出陣

清須《きよす》城の広間に姿をあらわした信長は、何を思ったか、突然、小姓《こしよう》に鼓《つづみ》をもたせ、「敦盛《あつもり》」を舞いはじめたのである。このときの出陣風景はふつうの出陣のときとはずいぶん変わっていた。

『信長公記《しんちようこうき》』には、

此時、信長敦盛の舞を遊ばし候。人間五十年、下天《げてん》の内をくらぶれば、夢幻《ゆめまぼろし》のごとくなり、一度生を得て滅せぬ者のあるべきか、と候て、螺《かひ》ふけ、具足よこせと仰せられ、御物具めされ、たちながら御食をまいり、御甲《かぶと》をめし候て御出陣なさる。

とあり、いかにも風変わりなというか、型破《かたやぶ》りな出陣風景であったことがうかがわれる。『信長公記』では、まず「敦盛」を舞って、法螺《ほらがい》貝を吹かせ、具足《ぐそく》を用意させ、具足を着て、立ちながら食事をし、ついで甲をかぶって出陣していったという順序になっており、これが広く人口に膾炙《かいしや》している。

ところが、『道家祖看記《どうけそかんき》』となると、

馬に鞍《くら》置かせよ、湯漬《ゆづけ》出せと仰せらる。御膳昆布勝栗《こんぶかちぐり》持ちて参候。即、きこし召し、牀几《しようぎ》に腰をかけ、小鼓取寄せ、東向に成り給い、「人間五十年、下天の内をくらぶれば夢幻の如くなり、一度生を得て、滅せぬ者のあるべきか」と三度舞わせ給う。

となっていて、順序が若干《じやつかん》ちがっている。つまり、はじめに「馬に鞍置かせよ」と馬の準備を指示し、ついで、「湯漬を出せ」といって湯漬の用意をさせているのである。

「これは出陣だな」と直感した小姓の一人が「御膳昆布勝栗」の用意をしたのであろう。このあたりは、いかにも、常に神経をピリピリさせている信長の小姓たちの動きらしい。信長は、すべてをいわず、一を聞いて十を知るような人間を好んだのである。

ところで、「御膳昆布勝栗」については少し説明が必要であろう。これは、出陣の儀式に必要なもので、ふつうは「三献《さんこん》の儀式」といって、三献、すなわち三品の献立《こんだて》を食べて出陣するというのが古くからのならわしであった。

三献とは、打蚫《うちあわび》・勝栗・昆布の三品をいうが、なぜこの三品を定形化したかといえば、きわめて単純で、「打って勝ってよろこぶ」という言葉の語呂《ごろ》あわせからきているのである。つまり、戦を前にしての縁起《えんぎ》をかついだ儀式であった。

縁起をかつぐとか、儀式的なことが一番きらいなはずの信長が、「御膳昆布勝栗」を用意させていたことは興味深い。ただし、どういうわけか打鮑が一品入っていない。あるいはこのあたりが信長らしさなのかもしれないが、『道家祖看記』でみるかぎり、信長は、まず出陣の仕度《したく》をさせた上で、型通りの出陣の儀式、すなわち三献の儀式をすませていたことがわかる。いかに「型破りな」といわれる信長でも、出陣という重大事を前にしては、古くからのならわしを無視できなかったのかもしれない。

そしてそのあと、例の「人間五十年……」という「敦盛」を舞っている。私は、このとき信長が「敦盛」を三度舞っているという点に興味をもっている。一度だけなら、出陣を前に自分の好きな歌を口ずさんで心を落ちつけたと解することができる。しかし、それが三度ともなると、何かそれだけではないように思われる。信長自身、相当思いつめていたところがあったのではなかろうか。

この点で一つ思いおこされるのは、かつて二木謙一氏が作家の津本陽氏との対談(「信長は世紀の大演出家か神の化身か」歴史群像シリーズ『織田信長』)の中で、つぎのように発言していることである。

桶狭間《おけはざま》の出陣の時、〝人間五十年、下天の内をくらぶれば、夢幻の如くなり……〟

と幸若舞《こうわかまい》を舞って行くところなんかは、カッコよく突っ張っているんですが、おそらく怖さからくる武者ぶるいだと思うんですよ。一種の自己暗示ですね。そこで「死のうは一定」という彼の死生観で突っ走っていった。

「怖さからくる武者ぶるい」「一種の自己暗示」という指摘は実に興味深いし、おそらくあたっているだろう。

信長が「敦盛」を好んで舞っていたことは有名であるが、出陣を前にして三度も舞ったということは、強敵義元《よしもと》を前にして、何とか自分の心を落ちつかせようとしたことがうかがわれるのである。作家安西篤子氏は、「若くて討死した平家の公達《きんだち》敦盛の心情に没入することで、己《おのれ》の死を納得しようと努めたものであろうか」(『桶狭間の合戦』『歴史と旅』一九七八年十一月号)とみているが、これも卓見《たつけん》というべきであろう。

なお、一説には、このとき、能の太夫《たゆう》に「羅《ら》生門《しようもん》」をうたわせたというが、たしかなことは不明である。『信長公記』『道家祖看記』によって、信長みずから「敦盛」を舞ったことは疑問の余地がない。

ところで、信長がよく口ずさんだ言葉としてもう一つ「死のうは一定、しのび草には何をしよぞ、一定ふたりおこす(か)よの」という小歌の文句が知られている。後世の小歌とは区別してこの時代に流行していた小歌を「室町小歌」とよんでいるが、信長は、畿内《きない》の庶民の間で流行していた「室町小歌」のうち、特にこの「死のうは一定……」がお気に入りであった。さきの敦盛の文句といい、この「死のうは一定……」といい、刹那《せつな》的な死の美学のようなものが底流としてあった点は注目しておいていいのではなかろうか。

二万五〇〇〇の大軍を、その十分の一程度の軍勢で迎え撃たなければならない信長にとって、「敦盛」の「一度生を得て滅せぬ者のあるべきか」も、「室町小歌」の「死のうは一定……」も、ともにそのとき置かれていた信長の立場にまさにぴったりの歌詞であったといえよう。

「敦盛」を三度舞い終った信長は、すでに用意してあった馬にとび乗り、そのまま清《きよ》須《す》城をあとにした。『信長公記』によると、単騎かけ出した信長のあとにつき従ったのは、岩室長門守・長谷川橋介・佐脇藤八・山口飛弾(騨)守・賀藤弥三郎の五人だけだったという。これらはいずれも信長の小姓衆であった。

もっとも、小瀬甫庵《おぜほあん》の『甫庵信長記《ほあんしんちょうき》』になると、この五人に織田造酒丞《みきのじょう》・河尻與兵衛尉・簗田出羽守《やなだでわのかみ》・佐々内蔵助の四人がプラスされ、九人ということになっている。しかし、『甫庵信長記』でプラスされている四人のうち、少なくとも簗田出羽守は疑問である。いずれにせよ、重臣クラスの部将たちはすぐ追いかけてはいない。

では、信長はなぜこのような意表をついた出陣の仕方をしたのであろうか。「これが信長流なのさ」といってしまえばそれまでであるが、どうもそれだけではなかったようである。

考えられることは、信長が、家臣たちに有無をいわせず出陣させるためにとった演技だったのではないかということである。このことは、信長が一大事ともいうべき今回の戦いを前にして、軍議らしい軍議を開いていないこととも関係する。

おそらく、家臣たちは、特に老臣といわれる重臣たちの圧倒的大多数は、清須城での籠城《ろうじょう》を主張していたのであろう。そうした動きは信長も承知していたはずである。

たしかに、籠城をしたために勝ったというケースは戦史においていくつもあり、籠城イコール敗北という観念は、このころはまだみられない。しかし、籠城が勝利につながるためには、後詰《ごづめ》の兵が期待できるというのが条件である。

籠城している城を敵が取りまく。すると、籠城軍の味方が後詰をして攻城軍の外側をさらに取りまく。すると、攻城軍はかえって城の内と外の敵にはさまれる形となり、敗北してしまうというものである。つまり、籠城軍を救援する味方の後詰の軍勢があってはじめて籠城軍の活路が開かれるわけである。

では、桶狭間《おけはざま》の戦いのときの信長はどうだったのであろうか。斎藤道三《どうざん》が生きている間は道三との間に同盟関係があったので、仮に信長が清須城に籠城したとすれば、道三の軍勢が後詰にきたであろう。しかし、道三はすでに弘治《こうじ》二年（一五五六）に歿してしまっており、道三の子義龍《よしたつ》と信長とは敵対関係にあったのである。あと、可能性のあるのは南近江《おうみ》の六角《ろっかく》（佐々木）承禎《じょうてい》である。『今川義元織田信長桶狭間合戦略記』によると、六角承禎が一〇〇〇の援軍を送っていたとする。すなわち、

　永禄庚申《えいろくかのえさる》五月十九日、尾州知多郡桶狭間において、尾張清須の城主織田上総介平信長公と駿河城主今川治部太輔源義元侯と合戦有し、其由《そのよし》ハ今川勢上洛の沙汰《さた》しきりにて、織田の家臣、敵の大軍に恐れて降参を進む、木下一人戦を進む、信長御同意の旨《むね》についていよ〱合戦に定る、藤吉郎只一人尾州海東郡蜂須賀《はちすか》村に至り、蜂須賀小六正勝《ころくまさかつ》に委細頼けれは《（ば）》、小六手下を集、佐々木の援兵を借加勢いたすへ《（べ）》しと相談成て、夫《それ》より近江国観音寺の城に至り、織田より使者の由を申入、……

とあり、以下三〇〇〇の要請に対し、六角承禎は一〇〇〇しか送ってこなかったことなどを記している。

　しかし、同書は、たとえば使者としておもむいた藤吉郎が、このとき佐々木（六角）義秀から〝秀〟の一字を与えられたなどという荒唐無稽《こうとうむけい》な話を載せており、その

ままに信用することはできない。桶狭間の戦いのとき、信長と六角氏が手を結んでいたというのは事実ではあるまい。

ということは、信長には後詰の軍勢の可能性は皆無《かいむ》だったということである。後詰がいなければ、籠城戦は展望のない戦いとなり、勝ち目はまったくないことになる。

信長は、いち早くこのあたりを計算にいれ、籠城策を取らない決心をしていたものと思われる。しかし、老臣たちの中には、まだ籠城を主張する者もいたようである。軍議を開けば、必ずやそうした老臣たちの籠城の声が大きくなると信長はみていた。だからこそ軍議らしい軍議を開かなかったのである。

そして、単騎清須城を討って出ていったのも、いつも通り、兵を集めてから出陣というようなやり方をしていたのでは、老臣たちが信長を諫《いさ》めたりするような事態が生じることまで予想していたものと思われる。老臣たちに出陣を阻止《そし》するスキを与えず、あれよあれよという間に出陣していったというのが真相だったのではなかろうか。

信長が単騎出陣し、そのあとあわてて小姓衆が五人ほど出陣していくのをみて、それまで籠城を主張していた老臣たちも観念したものとみえる。

「殿に遅れるな」と、つぎつぎに出陣していったのである。

これは、かなり計算された信長の演出だったとみてよいのではなかろうか。一〇倍の敵にいどんでいくなどということは通常では考えられない。ふつうの神経では、恐怖感の方が先にたって、おそらく金しばりにあったように身動きできない状態になってしまったと思われる。

信長は家臣たちに、一〇倍の敵にあたるということを考えるスキを与えなかった。電光石火《でんこうせっか》の行動は、一種の興奮状態を作りあげ、「ここは殿についていくしかない」という状況にもっていったものと考えられる。

その証拠には、熱田《あつた》社まで駆け、そこで軍勢が揃《そろ》うのを待っているのである。『信長公記』には、「あつた迄《まで》三里一時《いっとき》にかけさせられ……」と、三里（一二キロメートル）の道のりを一気に駆けたように記されているが、実際には清須を出た信長が熱田に到着したのは午前八時であった。人の歩くスピードである。

演出をして、一気に清須城は出たが、わずか五人ぐらいの小姓衆だけでは、信長としても困るわけで、軍勢が本当に自分についてくるのかをみきわめながら、内心は複雑な思いで熱田社に向かったものであろう。

五月十九日午前八時ごろ　熱田社で戦勝祈願

人間が歩くほどの速度なので、騎馬武者ならずとも、足軽でも容易に信長についていくことができた。では、熱田《あつた》社に集結したとき、信長軍はどのくらいにふくれあがっていたのだろうか。

『信長公記《しんちょうこうき》』は、「此時《このとき》馬上六騎、雑兵弐百ばかりなり」としている。つまり、騎馬武者としては、清須城をとび出したときのまま、信長と岩室長門守《いわむろながとのかみ》・長谷川橋介・佐脇藤八・山口飛驒守《ひだのかみ》・賀藤弥三郎の六人だけという理解である。

しかし、これはどうであろうか。四時間をかけていることと、その後、信長の軍勢は三〇〇〇ほどにふくれあがっていることを考えると、熱田社に集結したときの軍勢が二〇〇というのでは、あまりに少なすぎるとの印象をうける。『信長公記』以外ではどうなっているのだろうか。

たとえば、『伊東法師物語《いそくほうしものがたり》』は、

方々へ觸《ふれ》有て、十九日未明に清洲《きよす》の城を馬廻計《うままわりばかり》にて打て出、先《まず》熱田表に着せたまふなり、旗谷口にて八方〳〵よりはせ加て、壱千餘騎とそ《ぞ》覚へける、と、一〇〇〇余騎であったことを伝えている。もちろん、文字通り騎馬武者が一〇〇〇だったということではなく、騎馬武者・足軽あわせて一〇〇〇ということであろうが、二〇〇と一〇〇〇ではかなりのちがいがある。『改正三河後風土記《みかわごふどき》』『甫庵信長記《ほあんしんちょうき》』なども一〇〇〇としている。

これらの材料をもとに、私なりに考えているのは、清須から熱田社に向かう途中で合流してきたのが二〇〇、熱田社に到着し、戦勝祈願などをしているうちに続々と参集してきて、最終的には熱田社を出るときには一〇〇〇ほどにふくれあがっていたのではないかということである。

さて、巷間《こうかん》伝えられるところでは、このときの信長の戦勝祈願にかかわることとして、二つの「奇瑞《きずい》」と願文《がんもん》のことが有名である。

まず、二つの「奇瑞」からみていこう。一つは、信長をはじめ家臣たちが参詣《さんけい》しているとき、熱田社の社殿の奥から、鎧《よろい》の草摺《くさずり》の揺れる音がしたというものである。信長は「社殿で武具の音を聞くとは吉兆《きっちょう》である。これはまさに熱田大明神の御加護《ごかご》があるにちがいない」といって将兵をはげましたというものである。しかも、『改正三河後風土記』では、「後に聞に信長あらかじめ熱田の大宮司をかたらひ、内陣に武具と人を隠し置、信長軍士を引連《ひきつれ》、参拝せらるる時、物の具の音、神殿鳴動の如くひびかし……」と、信長の〝やらせ〟であったことを暴露《ばくろ》しているが、この暴露そのものもインチキくさいし、それよりも、信長自身がこのような小細工をしたかどうかはすこぶる疑問である。

もう一つの「奇瑞」とされているのは、社殿を出て、いよいよ出陣というとき、突然一双《いっそう》の白鷺《しらさぎ》が社頭より飛んできて、信長の旗の先を飛んでいったというものである。小瀬甫庵《おぜほあん》『甫庵信長記』では、「当社大明神へ御参詣有て、謹《つつしん》で伏《ふして》拝《おが》ませ給へば、丹誠《たんせい》神にや通じけん、内陣に物の具の音して物冷《すさま》じく聞えたり。信長卿信心肝《きも》に銘じ、頼母敷《たのもしく》思召《おぼしめし》、扨《さて》は明神も我小勢を憐み、力を合せたべなんと思すらん」とあり、また、「角《かく》て信長卿急がせ給ふ處《ところ》に、白鷺二御旗の先に立て飛行ければ、彌《いよいよ》たのもしく思召《おぼしめし》、……」と記されていただけだったものが、『改正三河後風土記』ではつぎのように増幅されてしまっているのである。

……信長は社壇を下り馬に打乗、進まる所に、白鷺一双社頭より飛来り、信長の旗に先立《さきだち》飛行ければ、信長は二度馬より下り、神前にむかひ再拝せられ、軍勢にむかひ、「面々も見聞が如く、先刻内陣にして武具の音さざめき、今又白鷺一双我旗に先立て飛行体《とびゆくてい》、彼といひ是《これ》といひ、神感のほど顕《あら》はれ奇瑞一方《ひとかた》ならず。全く熱田大明神応護の御手を垂給《たれたま》ふこと疑なし。誰か勇気を励ざるべき。たとへ敵は何十万騎あるにもせよ、八万四千の軍神味方に加勢し給ふへ《（え）》は今度の軍《いくさ》勝利ならずといふことなし。進めやもの共」とて、自ら勇み進まるれば、今朝までもこの軍いかがあらむと危ぶみし者共も、社壇の奇瑞只今の霊験《れいげん》、其上大将の教諭に夢の覚し如く、心中すずしく勇み立、仰《おおせ》にや及ぶべき、義元の武威何程のことかあらん。只一刃の勝負にありと勇気百倍せしとぞ。

私は、この二つの「奇瑞」なるものは、小瀬甫庵の創作ではないかと考えている。実際にはこのような「奇瑞」はなかったであろう。そのほか、信長は、熱田社頭で自ら永楽銭《えいらくせん》を何枚かほうりあげて、

「表が出たらわれらの勝、裏が出たらわれらの負け」といって、調べさせたら全部表が出ていて、

「これでわが軍の勝利まちがいなし」といって出陣していったという話も伝えられている。

この場合も暴露《ばくろ》があって、信長は事前に永楽銭を糊でくっつけておいて、どちらが出ても表になるよう小細工をしておいたという。

　しかし、信長がこのような子供だましのようなことをやったとは到底《とうてい》考えられない。後世、話をおもしろくするために、いろいろな話が創作されていったものと思われる。巷間《こうかん》伝えられているさまざまなエピソード類の中から、史実、あるいは史実に近いものを選択していく作業は結構大変である。

　つぎに、このとき、熱田社に捧げられたという願文《がんもん》について検討しておこう。現在、熱田神宮には、このとき信長が捧げたという願文はなく、『信長公記』にもみえない。さきの「奇瑞」と同様、『甫庵信長記』『改正三河後風土記』などにみえるだけである。『改正三河後風土記』は『甫庵信長記』のをそのまま載せたらしく、まったく同文である。やや長文にわたるが、一四二ページに全文紹介しておこう（書き下ろした）。『甫庵信長記』によれば、「手書に被ㇾ具武井肥後入道夕庵」に書かせたというが、この願文も何やら小瀬甫庵の創作のにおいがして仕方がない。信長は、熱田社に参詣《さんけい》はしたが、願文など奉呈《ほうてい》しなかったのではなかろうか。「奇瑞」も否定され、願文も否定されたとなると、では、このとき信長は、熱田社に参詣して何をしたのかが問題となる。

　現在、熱田神宮に「信長塀《のぶながべい》」とよばれる立派な土塀がある。社伝では、桶狭間《おけはざま》の戦いのときに戦勝祈願に訪れた信長が、戦いのあと寄進したという。その社伝は信じてよいであろう。つまり、わずか二〇〇ほどの兵で熱田社にとびこんできた信長は、そこで兵が参集してくるのを待った。兵を集めやすい場所として、たまたま熱田社を選んだだけだったのではないだろうか。

そこで、形ばかりの戦勝祈願が行われたかもしれない。あるいは、出陣に際し、神官に「迷惑をかけたな、戦いに勝ったら土塀を新しくしてやろう」といった約束がなされたものかもしれない。信長の生き方からすると、いかに「苦しいときの神だのみ」とはいっても、本心から熱田社に戦勝を祈願したとは思えないのである。あくまで〝兵だまり〟の場所として利用しただけだったのではなかろうか。『信長公記』に、熱田社における信長の行動が一言半句も記されていないのはそれなりの意味があってのことと推測される。

五月十九日午前十時ごろ　信長、善照寺砦に入る

信長率《のぶながひき》いる一〇〇〇の軍勢が熱田《あつた》社を出、少し南に進んだところで、はるか東南の方角に煙のあがるのがみえた。丸根《まるね》砦・鷲津《わしづ》砦が焼け落ちるところであった。『信長公記《しんちょうこうき》』に「辰《たつ》の尅《こく》に源太夫殿宮のまへより東を御覧じ候へば、鷲津、丸根落去と覚しくて、煙上り候」とある。

ここに源太夫殿宮とあるのは、熱田社の七つある摂社《せっしゃ》の一つで、上知我麻《かみちかま》神社（名古屋市熱田区伝馬町）のことをいっているので、信長が熱田社を出てどのルートをとったかということがわかる。

信長は、そのまま南に進んで浜手、すなわち海岸沿いを進むつもりでいたが、あいにく満潮で、海岸沿いを進むのが不可能なことを知り、「かみ道」、すなわち上手の道を通って、まず丹下《たんげ》砦に入った。丹下砦は鳴海《なるみ》城の付城《つけじろ》として築かれた砦である。このあたりのいきさつは『武徳編年集成《ぶとくへんねんしゅうせい》』がくわしい。すなわち、

源太夫ノ宮ヨリ東ノ方ヲ見ルニ、鷲津・丸根落城ト覚へ、黒烟天ヲ覆《おお》ヒケレバ、信長片時モ早ク馳着《はせつか》ント欲セラルト雖《いえども》、径ノ浜手潮盈《みち》テ人馬ノ通路ヲ絶ケレバ、漸《ようや》ク此辺味方ノ砦へ使ヲ馳テ追付《おつつけ》着陣シテ皆々携《たずさ》へ戦場へ赴《おもむ》クベキ旨《むね》ヲ觸《ふれ》サセ、笠寺《かさでら》ノ東ノ上道細畷ヲ汗馬ニ策ヲ揚テ、揉《もみ》ニ揉ンデ押行、愛智郡ノ内、丹下ノ砦ニ至リ、守将水野帯刀《たてわき》・山口海老之丞《えびのじょう》・柘植玄蕃《つげげんば》・真木與十郎・同宗四郎・伴十左衛門ヲモ砦ヲ明サセテ、是ヲ携へ、同郡善照寺《ぜんしょうじ》ノ砦ニ着シ、守将佐久間左京ヲモ亦《また》先陣ニ列シ、其東ノ迫間《はざま》ニテ勢揃へアル所ニ、三千許《ばかり》ナレトモ五千ノ由ヲ称シ、同郡鳴海宿

知多郡植松ノ間ヲ東方へ馳向ハル、

とあり、上道というのは、笠寺《かさでら》の東側の道であったとしている。ここで注目されるのは、信長が善照寺砦に到着したころには、軍勢が三〇〇〇にもなっていたという点である。

もっとも、三〇〇〇という数字にまちがいはないかといわれれば私にも確信はない。しかし、信長の領国の広がりからみて三〇〇〇という数の動員は可能だったはずである。

しかも、ここで強調しておきいのは、三〇〇〇という数が即戦闘部隊だったという点である。自分の領土内で、しかも、早朝に出陣してその日のうちに戦おうとしてい

るのだから、特に兵糧《ひょうろう》を運ぶための小荷駄《こにだ》隊のようなものは必要ない。その日の昼と夜食べる程度の食糧を各自が用意していればいいわけで、腰兵糧で十分こと足りたのである。

小荷駄隊、すなわち輜重《しちょうたい》隊というのはかなりの人数で、結構バカにならない。今川軍が二万五〇〇〇といっても、そのうちのかなりの部分は輜重輸卒《ゆそつ》であった可能性があり、信長軍三〇〇〇がすべて戦闘部隊であったという点は、桶狭間の戦いの帰趨《きすう》にとって決してゆるがせにはできない事実であった。

なお、今川軍が実際は二万五〇〇〇なのに四万と宣伝していたように、信長の方でも、さきに『武徳編年集成』の記述に明らかなように、実際は三〇〇〇なのに、五〇〇〇というふうにしていたことがうかがわれる。人数が少なければ少ないなりに、相手を威嚇《いかく》することは必要だったのである。よく、このときの織田軍を五〇〇〇とするものもあるが、私は、五月十九日午前十時ごろ、善照寺砦に集結した時点での信長軍は三〇〇〇だったと考えている。

もちろん、清須城の留守《るす》部隊や、各地の砦に配置されている家臣たちもいたので、三〇〇〇が織田信長家臣団のすべてではないが、おそらく、戦える者全員といった総力に近い動員をかけたのであろう。

●コラム●信長戦勝祈願文

敬《うやま》って白《もう》す

祈願の事

夫《そ》れおもんみるに、当社大明神は累代聖主の嚢祖《のうそ》朝廷鎮護の霊神なり。家国の永久を護らんが為、殊《こと》には夷狄《いてき》の凶逆を定《しず》めんが為、あとを東海の辺域に垂《た》れ、八剣を社壇に安置す。然《しか》れば則《すなわ》ち、人王百有《ひゃくゆう》七代の御宇《ぎょう》にあたって、世既《すで》に澆漓《ぎょうり》に及び、瑞鳳《ずいほう》至らず、祥麟《しょうりん》出でず、人心淳《すなお》ならず。姦邪《かんじゃ》並び生じ、四夷兵革《ひょうかく》を挙《あ》げ、八荒干戈《はっこうかんか》を動かす。更に理世安民の政《まつり》有ることを聞かずと。信長いやしくも平相國綿々の瓜瓞《かてつ》と為り、生を弓馬の家に受け、僅《わず》かに箕裘《ききゅう》の業《ぎょう》を継ぎしより以来《このかた》、遠くは先祖の無道《ぶどう》を悔い、近くは宿世の極乱《ごくらん》を憂《うれ》え、再び帝都の衰微《すいび》を興《おこ》して、国家の擾乱《じょうらん》を治め、君を尭舜《ぎょうしゅん》に致《いた》し、民の塗炭を救わんと欲するの外、素懐《そかい》他にあらず。しかして一日片時《いちじつへんじ》も心を泰山《たいざん》の安きに置かず、造次《ぞうじ》にもここにおいて、顛沛《てんぱい》にもここにおいてす。ここにおいて源義元駿豆の間より起こって、威を遠三両国に振《ふる》い、近里遠境《きんりえんきょう》を犯し、神社を破却し、民屋《みんおく》を焼散《しょうさん》し、我意《が い》に任《まか》せ、しかして叡慮《えいりょ》を敬わず、武命をも用いず、妖孽月《ようげつつきづき》に盛んに日《ひび》に茂れり。葛藟《かつるい》相連なって、いかんとも之《これ》をする者無し。両葉《りょうよう》去らずんば却《かえ》って斧柯《ふか》を用いん。今既にかくの如し。しかも猶《なお》強大に至らんをや。彼は多勢四萬有余に及び、此《これ》は無勢僅か三千にだも足らず。寡《か》を以って衆に対す恰《あたか》も蟷螂《とうろう》車轍にあたるに似、蚊子《ぶんし》鉄牛を咬むに同じ。敢えて当社の神力《しんりき》を頼むに非ずんば、いかで之に勝つことを得んや。伝え聞く、尊日本武《みことやまとだけ》の古《いにしえ》、東夷を蒲原《かんばら》に亡ぼし、嘉兆符筴《かちょうふかい》を合するが如し。速《すみやか》に凶徒を目撃の間に誅戮《ちゅうりく》せんこと必《ひつ》せり。仰ぎ願わくは、水火の両右宜《りょうゆうよろ》しきに随《したが》い霊験を施し、八剣の鋭刃《えいじん》衆賊の首を斬り、立ちどころに所願を満たしめたまえ。伏して一矢《いっし》の鏑《かぶら》を捧げて以って西林の禴祭蘋蘩《やくさいひんはん》の奠《てん》に準《なぞ》らふる者なり。今此の義兵を挙ぐること、全く私用私欲に非ず。しかして王道の衰えを起こし民間の危《あや》うきを救わんが為なり。玄鑑《げんかん》過つこと莫《なか》れ。よって願書件《くだん》の如し。

永禄三年五月十九日　　平　信長　敬って白す

（原漢文を読み下しにした）

信長軍の先鋒、鳴海城を攻める

善照寺《ぜんしょうじ》砦に入った信長《のぶなが》は、佐々《さっさ》政次《まさつぐ》・千秋季忠《せんしゅうすえただ》らに兵三〇〇（一説に二〇〇）をつけて鳴海《なるみ》方面に向かわせている。『信長公記《しんちょうこうき》』には、「信長善照寺へ御出でを見申し、佐々隼人正・千秋四郎二首《かしら》、人数三百ばかりにて義元へ向て足軽に罷《まかり》出で候へば、瞳《どっ》とかゝり来て、鎗下にて千秋四郎・佐々隼人正初めとして五十騎ばかり討死《うちじに》候」とあり、信長の本隊が善照寺砦に到着したのをみた佐々政次と千秋季忠らが勝手に兵を動かしたような書きぶりをしているが、いかに緊急な事態であったとはいえ、信長の命令なしに兵を動かすことはありえなかったものと思われる。とすれば、この佐々政次らの出撃はいったいいかなる意味をもっていたのだろうか。

この時点で、信長の攻撃目標が、一たん落ちてしまった丸根《まるね》砦・鷲津《わしづ》砦の奪回《だっかい》にあったとは考えられない。鳴海方面に攻め入ったということは、鳴海城を攻めようとしたことになるが、わずか三〇〇の兵で鳴海城を攻めさせたとも考えられない。つまり、常識的に考えれば、このときの佐々政次・千秋季忠の軍事行動は謎だらけなのである。

そこで考えられるのは、佐々政次・千秋季忠ら三〇〇の信長軍先鋒《せんぽう》は、信長本隊の動きをわかりにくくさせる、つまり、めくらましさせるために組織された陽動《ようどう》部隊だったのではないかという点である。

たとえ、三〇〇という小人数ではあっても、『信長公記』が記すようにそこで五〇騎もの信長方の部将が討死したということは、かなり大がかりな軍事行動ということになり、今川方では、「信長は鳴海城を攻めようとしているのではないか」といった観測がパッとひろまったものと思われる。

おそらく、このときの佐々政次・千秋季忠ら信長先鋒と今川義元《よしもと》軍先鋒との衝突《しょうとつ》のありさまはすぐ義元のもとに報告されたであろう。その意味では、単なる陽動部隊という以上にこの三〇〇の軍勢は囮《おとり》部隊という表現の方があたっているように思われる。義元は、信長本隊もひき続き佐々政次・千秋季忠らのように鳴海城に対し波状《はじょう》攻撃をしかけてくるものと考えたのであろう。

ところで、この囮部隊三〇〇の中に若き日の前田利家《としいえ》がいた。利家は信長の近習《きんじゅう》であったが、永禄《えいろく》二年（一五五九）、信長の同朋衆《どうぼうしゅう》の一人拾阿弥《じゅうあみ》という者を殺したため、信長から出仕《しゅつし》停止の処分をうけている最中であった。殺害の理由は、拾阿弥が利家の刀を盗んだにもかかわらず、佐々成政《なりまさ》が拾阿弥をかばったことに端《たん》を発していたという（岩沢愿彦『前田利家』）。

出仕停止処分中であったにもかかわらず、利家は主家の危急《ききゅう》をだまってみていることができず、信長には内緒《ないしょ》で参陣していたのである。あるいは、ここで一働きして、出仕停止処分を取り消してもらおうという下心があったのかもしれない。

ただ、このときの働きにもかかわらず、信長からの赦免《しゃめん》はなく、のち、美濃《みの》の斎藤龍興《たつおき》と信長が戦った永禄《えいろく》四年（一五六一）の森辺《もりべ》の戦いの戦功によってようやく勘気《かんき》が解かれている。

五月十九日正午ごろ　善照寺砦から中島砦へ進む

さて、話を信長《のぶなが》本隊の方にもどそう。『桶狭間合戦記《おけはざまかっせんき》』によると、佐々政次《さっさまさつぐ》・千秋季忠《せんしゅうすえただ》らが「下知《げち》なくして合戦は無用」といっていたにもかかわらず、佐々らが戦いをはじめ、しかも自分の旗本にいた岩室長門守《いわむろながとのかみ》もそれに加わってしまったのをみて、信長は軍使を遣わして先手《さきて》の合戦をやめさせようとしたという。しかし、『桶狭間合戦記』の記述をそのままに信用することは危険である。むしろ、前述したように、今川軍先鋒《せんぽう》と戦ったのは、信長本隊の行動のねらいを今川軍にわからなくするのが目的であった。

したがって、信長は先鋒が小競合《こぜりあ》いをしている間にひそかに善照寺《ぜんしょうじ》砦をぬけ出し、中島《なかじま》砦に移ろうとしていたものと思われる。

中島砦（名古屋市緑区鳴海町下中島）はその名が示すように天白川に注ぎこむ二つの川の合流点近くの中洲《なかす》に築かれた砦で、八八ページで述べたように、鳴海《なるみ》城に対する付城《つけじろ》であると同時に、丹下《たんげ》砦・善照寺砦と、丸根《まるね》砦・鷲津《わしづ》砦とを結ぶための繋《つなぎ》の砦であった。

この時点では、すでにみたように丸根砦・鷲津砦は陥落《かんらく》してしまっているので、中島砦まで信長が進むということは、かなりの冒険であった。へたをすれば前面の丸根砦・鷲津砦に入った今川軍と、背後の鳴海城の今川軍とに挟《はさ》まれてしまう危険があったのである。ここでも重臣たちは、この信長の「突飛《とっぴ》」な行動を阻止しようと、必死になって諫《いさ》めている。

『信長公記《しんちょうこうき》』にはつぎのようにみえる。

信長御覧じて、中嶋へ御移り候はんと候つるを、脇は深田の足入、一騎打ちの道なり。無勢の様躰《ようたい》敵方よりさだかに相見え候。御勿躰《もったい》なきの由、家老の衆御馬の轡《くつわ》の引手に取付き候て、声々に申され候へども、ふり切って中嶋へ御移り候。此時二千に足らざる御人数の由《よし》申候。

信長の馬の轡にとりついた家老というのは林秀貞《ひでさだ》や柴田勝家《しばたかついえ》らであったが、家老ならずとも、このときの信長の行動を阻止したい思いにかられていたであろう。何せ、信長軍が中島砦に入っていく様子は、丸根砦・鷲津砦からも望見《ぼうけん》できたからである。それをふりきって中島砦に入ったということは、信長には信長なりの作戦があったたからであろう。

ところで、この『信長公記』の記述からもう一つ注目されるのは、軍勢が二〇〇〇となっている点である。つまり、信長は善照寺砦で隊を二つに分け、一隊一〇〇〇の軍勢をそのまま善照寺砦に残し、信長みずから二〇〇〇の本隊を率《ひき》いて中島砦に移ったことが明らかである。『信長公記』には記載はないが、諸書が伝えるように、本隊がそのまま善照寺砦にとどまっているかのごとくみせるために、旗・指物《さしもの》などをすべて善照寺砦に残したということは考えられる。

信長が中島砦に移ったのを望見できていたはずの丸根砦・鷲津砦の今川方に何の動きもみられなかったのは、この信長の計略にまんまとひっかかってしまったためかもしれない。「ほんのわずかの兵が中島砦に入った」ぐらいに考えていたのであろう。

ただ、理由はそれだけではなかったようである。余談になるが、その後の展開にとっては決して無関係なことではないので、ついでなのでここでふれておきたい。

現在、中島砦付近から丸根砦・鷲津砦のあたりは住宅地となってしまい、当時の状況をうかがうことはむずかしい。しかし、私は本書の執筆にあたって明治二十一年の地形図を手に入れ、それを片手に現地をこまめに歩いてみた。たしかに住宅が建ったりして昔のおもかげはないが、土地の高低差というものは意外と地図通りであった。

低湿地が埋められているが、当時の状況はかなり明らかになってくる。

そこで復原図を作ってみたわけであるが、それが一六〇ページの図である。この図をみていて、丸根砦・鷲津砦の今川方の兵が中島砦を攻撃しなかった、否《いな》、できなかった理由が浮かびあがってきたのである。中島砦と丸根砦・鷲津砦の間が泥沼となっていたため、攻撃をしかけられなかったのではなかったかと考えた。さきに『信長公記』を引用し、そこに「脇は深田の足入」とあったが、折から降り続いた雨で川の水かさが増し、周囲の水田が湖のようになってしまっていたと考えられるのである。

信長は、諜報《ちょうほう》部隊からその事実の報告をうけていたのであろう。「中島砦に進んでも、丸根砦・鷲津砦から攻撃されることはない」という確信を得ていたのである。

ところで、私はここまで、当然のように、善照寺砦から中島砦に信長が移ってきたという書き方をしてきた。しかし、このルートは、実はこれまでの桶狭間《おけはざま》の戦いの研究においては「異端《いたん》」である。「正統」は、善照寺砦からそのまま山すそを通り、相《あい》原《はら》を経由して桶狭間に至ったとする。すなわち迂回奇襲《うかいきしゅう》説である。概説書を含め、桶狭間の戦いを扱った本の圧倒的大多数は迂回奇襲説で書かれている。

かくいう私自身も『駿河《するが》今川一族』（一九八三年刊）では、

まともにぶつかっては全く勝ち目のない信長は精鋭《せいえい》二千を率《ひき》いて間道《かんどう》を通り、桶狭間の義元本陣《ほんじん》のすぐ北にある太子《たいし》ケ根《ね》というところに着いた。午後二時ごろである。急に天気がかわり、大雨が降りだしたが、その混乱の最中に信長二千の精鋭が義元の本隊めざしてつきかかり、結局、義元は首を討たれてしまったのである。

と、間道を通って迂回した信長が奇襲をしかけたと記している。

その後、『戦国合戦事典』（一九八四年刊）では、

太田牛一《おおたぎゅういち》の『信長公記』でみるかぎり、信長軍が迂回して側面から義元の本陣をついたという記載がない。むしろ、その後の小瀬甫庵《おぜほあん》の『信長記』などが奇襲説を唱えはじめており、桶狭間の戦いの真相は、再検討がせまられているといってよい。

と述べ、迂回奇襲説には批判的な立場をとりはじめているのである。

ちなみに迂回奇襲説ではなく、『信長公記』に依拠《いきょ》した形で正面奇襲説を唱えているものとしては、藤本正行氏「異説・桶狭間合戦」（『歴史読本』一九八二年七月号）、林亮勝氏「ドキュメント桶狭間の合戦」（『歴史と旅』一九八三年二月号）、藤本正行氏「桶狭間の戦い」（『歴史読本』一九八四年七月号）などがある。

たしかに、『信長公記』を忠実に読めば迂回奇襲説は成り立たない。その点でいえば私も藤本・林説に賛成である。ただ、藤本氏のように「桶狭間は奇襲にあらず」といい切れるかどうかは疑問である。迂回奇襲説は否定しえても、奇襲であったことに

はかわりはないのではなかろうか。たとえ正面攻撃ではあっても、義元が予想していない時間と場所で信長からの攻撃をうけているわけで、「桶狭間は奇襲にあらず」とはいえないのではなかろうか。この点については、あとで再びとりあげることにしたい。

しかし、これまでの「正統」がいうような「信長は万一の可能性にかけた」とか、「信長の勝利は奇蹟に近い」といったいい方は、この際、死語にしたいものである。信長はイチかバチかの賭けではなく、緻密《ちみつ》な計算をした上で作戦を練り、それが成功しただけの話である。

さて、信長の緻密な計算を可能にしたのは、諜報《ちょうほう》部隊の存在である。よく知られているように、戦いが終ったあとの論功行賞《ろんこうこうしょう》において第一番目に賞されたのは、義元に槍をつけた服部《はっとり》小平太《こへいた》春安《はるやす》でもなく、義元の首をとった毛利《もうり》新介《しんすけ》良勝《よしかつ》でもなく、義元の休憩時の居場所を連絡してきた簗田《やなだ》出羽守政綱《でわのかみまさつな》（広正）であった。このことは、桶狭間の戦いの勝因が〝情報〟にあったことを信長自身強く意識していたからにほかならない。

諜報部隊は特務機関といってもよいが、武岡淳彦氏によると、簗田特務機関は、義元本陣の行動を監視し報告する班と、それを善照寺砦の指揮班に逓伝《ていでん》式に連絡する伝令班と、奇襲部隊の行動を敵側に見つけられないようにするため、敵の斥候《せっこう》を捕殺《ほさつ》する保全班、義元の本陣へ間違いなく案内する誘導班などで構成されていたというう（『戦国合戦論』）。

沓掛《くつかけ》の土豪《どごう》であった簗田政綱がそれら各班を指揮していたわけであるが、沓掛の土豪だったところが決定的な意味をもっていたことになる。というのは、簗田政綱は、沓掛から桶狭間あたりの地形など詳細に知りつくしていたからである。「どの道を通れば、どこにいつごろつくか」といったことが、すべてたちどころに計算できる人物だったのである。

五月十九日午後一時ごろ　義元本陣近くに到着

「義元《よしもと》本隊が沓掛《くつかけ》城を出て大高《おおだか》城に向かっている」という連絡は、信長《のぶなが》が丹下《たんげ》砦か善《ぜん》照寺《しょうじ》砦に入ったころ信長の耳に入ったものと思われる。『信長公記《しんちょうこうき》』によると、義元が「心地はよしと悦《よろこん》で、緩々《ゆるゆる》として謡《うたい》をうたはせ陣を居《すえ》られ」たのは、信長の先鋒《せんぽう》佐々《さっさ》政次《まさつぐ》・千秋《せんしゅう》季忠《すえただ》ら五〇騎が討ち取られたというしらせを得てからである。

つまり義元は、丸根《まるね》砦・鷲津《わしづ》砦も落ち、いままた信長の先鋒を撃ち破ったということで、大いによろこんで「休憩にしよう」となったものと思われる。したがって、さきにみた簗田《やなだ》特務機関が、「義元が桶狭間《おけはざま》で休憩中」というもっとも大事なしかも決定的な情報を信長に届けたのは、信長が中島砦に進んだ時点であったと考えられる。

信長はいよいよここで、それまで近臣の誰にもしゃべらなかった秘策を披露《ひろう》することになる。諜報《ちょうほう》合戦の時代であり、最後の最後まで自分の胸の内にしまっていたのである。

そのとき、信長がどう下知《げち》したか、正確な言葉が伝わっているわけではないが、『武徳編年集成《ぶとくへんねんしゅうせい》』の記述は一番真実に近いのではないかと考えられている。それによると、林秀貞《ひでさだ》や柴田勝家《かついえ》ら老臣の制止もきかず中島砦に押し移った信長は、

吾謀《はかりごと》ハ今川ノ大軍尽《ことごと》ク本道ヘ繰出シ、本陣ノ虚ナル所ヲ、後ノ山陰ヘ廻リ不意ニ発シテ有無ノ勝負ヲ決スベキ為也、

と大音声《だいおんじょう》で叫び、家臣たちもようやく信長の作戦を知り、旗を巻いて声をひそめ山陰を桶狭間めざして進んだという。

この記述は、善照寺砦→中島砦→桶狭間という『信長公記』とも合致し、まずまちがいないところであろう。

ところが、本家本元の『信長公記』には、このあたり、妙な記事があるのである。関係する部分を全文引用しておこう。

……中嶋より又御人数出だされ候。今度は無理にすがり付き、止め申され候へども、爰《ここ》にての御諚《ごじょう》には、各《おのおの》よく〳〵承り候へ。あの武者、宵に兵粮《ひょうろう》つかひて夜もすがら来《きた》り、大高へ兵粮入れ、鷲津、丸根にて手を砕き、辛労《しんろう》してつかれたる武者なり。こなたは新手《あらて》なり。其上《そのうえ》小軍ニシテ大敵ヲ怖ルヽコト莫《な》カレ、運ハ天ニ在リ、此語は知らざる哉。懸《かか》らばひけ、しりぞかば引付くべし。是非に稠倒《ねりたふ》し、追崩《おいくず》すべき事

案の内なり。分捕《ぶんどり》をなすべからず、打捨《うちすて》たるべし。軍に勝ちぬれば此場へ乗つたる者は家の面目、末代の高名たるべし。

つまり、中島砦から軍を進めようとしたとき、また家老たちが信長に無理にすがりつき、「これ以上の進軍はあぶのうございます」と必死になってとめた様子がうかがわれる。そこまではよい。問題はその先である。

信長は、「敵は昨夜大高城に兵粮を入れ、また、丸根砦攻め、鷲津砦攻めに疲れきっている労兵である」といっていることがわかる。これはどういうことなのだろうか。考えられることは二つある。一つは、これからぶつかっていこうとする相手を、信長は丸根砦・鷲津砦攻めに加わった労兵とみていた、つまり、信長がそのように誤解していたという点である。しかし、あれだけ情報網を張りめぐらしていた信長が、そのような基礎的なミスをするはずはない。

となるともう一つの考え、信長は、味方の恐怖心をやわらげるため、わざと、「これから向かう敵は昨夜来の戦いで疲れきっている。われらは新手《あらて》である」といって士気鼓舞《こぶ》をしたことも考えられる。

このどちらが正しいのか、私としては後者と思うのだが、信長が敵をまちがえていたという線もまったく否定しきれないようにも思える。この点は疑問点のまま残しておきたい。

ただ、注目されるのは、信長が「分捕をなすべからず、打捨たるべし」と叫んだそのすぐあと、『信長公記』によれば、信長本隊の前衛《ぜんえい》が、今川軍と衝突《しょうとつ》をし、前田又左衛門・毛利河内・毛利十郎・木下雅楽助《うたのすけ》・中川金右衛門・佐久間弥太郎・森小介・安食弥太郎・魚住隼人《はやと》らがてんでに首を取ってきたことを記している点である。

これでみると、中島砦を出た信長軍二〇〇〇は、山際を進みながら、警戒にあたっていた今川軍と小競合《こぜりあ》いをくりひろげていたことが確実であり、従来いわれてきたように、義元側にまったく気づかれずに義元本陣に近づいたという状況とはかなりちがっていたことがわかる。

常識的に考えれば、今川方の最前衛の一部隊が、信長本隊であることを確認していたかどうかは別として、織田軍の一部隊が桶狭間方面に向かおうとしていることはキャッチしているので、すぐ伝令を出してそのことを義元本陣に伝えているはずである。

仮にこの時点で伝令が出されていれば、信長の奇襲は成り立たなくなる。しかし、実際問題として、このとき、今川軍前衛から義元に、「信長軍接近中！」のしらせはなかった。それはどうしてだったのだろうか。

さきに、敵の斥候《せっこう》を捕殺《ほさつ》する保全班のようなものが簗田《やなだ》特務機関にあったらしいことをみたが、義元本陣と今川前衛軍との間に、簗田政綱《まさつな》配下の者が忍んでおり、連絡を絶っていたのではないかと考えられる。もっとも、一人でもその保全班の網をかいくぐって「信長軍接近中！」というしらせを義元に届ける者がいれば、この作戦自体はアウトである。その意味では、かなり危険度の高い賭けであったことはまちがいない。

信長の隠密《おんみつ》行動が義元側にばれなかった要因として、以上述べた保全班の存在と、この日の天候、さらにもう一つ、このあたりの地形をあげることができる。

まず、天候の方であるが、この日は雨模様であった。しかも、信長本隊二〇〇〇が中島砦を出たあたりから急に雨足ははげしくなり、山際にとりついて前進するころにはたたきつけるような豪雨となっていた。旧暦五月十九日は新暦の六日二十二日で、梅雨の最中であり、年によっては、そのころ集中豪雨で各地に被害が出る時期である。つまり、この日五月十九日は、昼すぎぐらいから雨が降り出し、それはついに集中豪雨のようなはげしい雨となったものと推測される。

『信長公記』に、前述の前田又左衛門、すなわち前田利家《としいえ》らが敵の首をとってきたことを記したあと、「山際迄《まで》御人数寄せられ候の処、俄《にわか》に急雨《むらさめ》石氷を投打つ様に、敵の輔《つら》に打付くる。身(味)方は後の方に降りかゝる。沓懸《くつかけ》の到下《とうげ》の松の本に、二かい・三かゐの楠の木、雨に東へ降倒る、。余りの事に熱田《あつた》大明神の神 軍《かみいくさ》かと申候なり」と記されているので、それがいかにすさまじいものであったかがうかがわれよう。しかも、雨は西から東へ降っていた。西から東へ進む信長軍にとっては追い風であり、逆に西からの敵を警戒する今川軍にとっては不利な降り方であった。

もう一つの要因の地形であるが、このあたり鳴海《なるみ》丘陵といって、きわだって高い山はないかわり、起伏に富んだ地形であった。この起伏が信長方に幸いしたのである。

義元戦死の桶狭間という地名からして、この起伏に富んだ地形の表現である。このあたり、桶狭間・田楽狭間《でんがくはざま》・武路狭間などなど、○○狭間という地名が多く、大廻間《おおはざま》のように○○廻間と書いて「はざま」とよませるものもあり、数えあげていったらきりがないくらいに多い。

それと、今でこそ埋めたてられたりして少なくなってしまったが、かってはこのあたりに自然の溜池がたくさんあった。狭間という地名は、谷間のどんづまりの地というだけでなく、窪地《くぼち》という意味もあった。田楽狭間が別名田楽ヶ窪とか、田楽ヶ坪などとよばれたのも、それなりに意味があったのである。

起伏に富んだ地形というのは、前進する側の信長方にとってはきわめて有利であった。山のかげ、窪地にとりついて、敵の哨 戒《しょうかい》の目をごまかしながら、休憩中の義元本陣めざして着実に進むことができたのである。

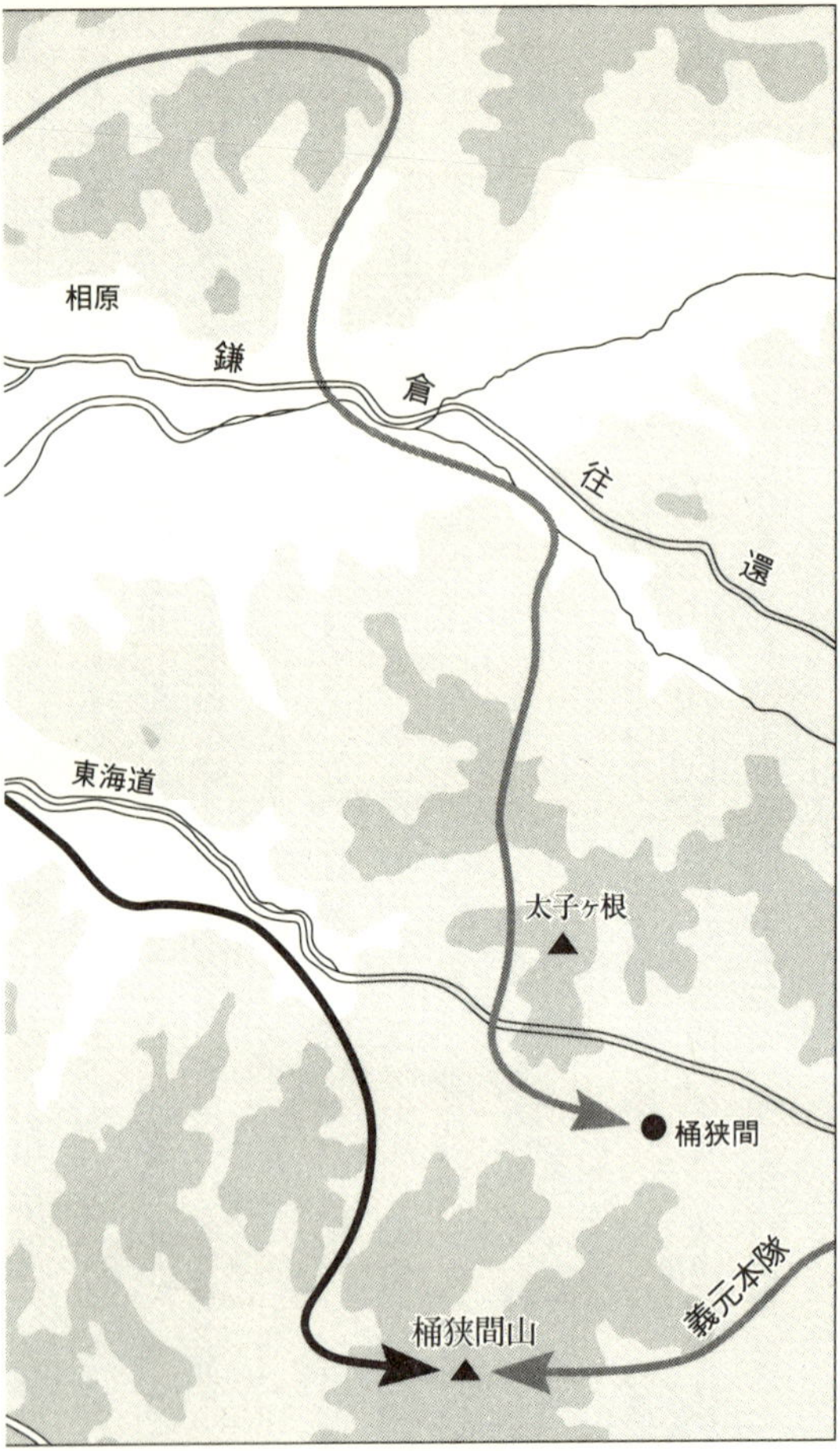

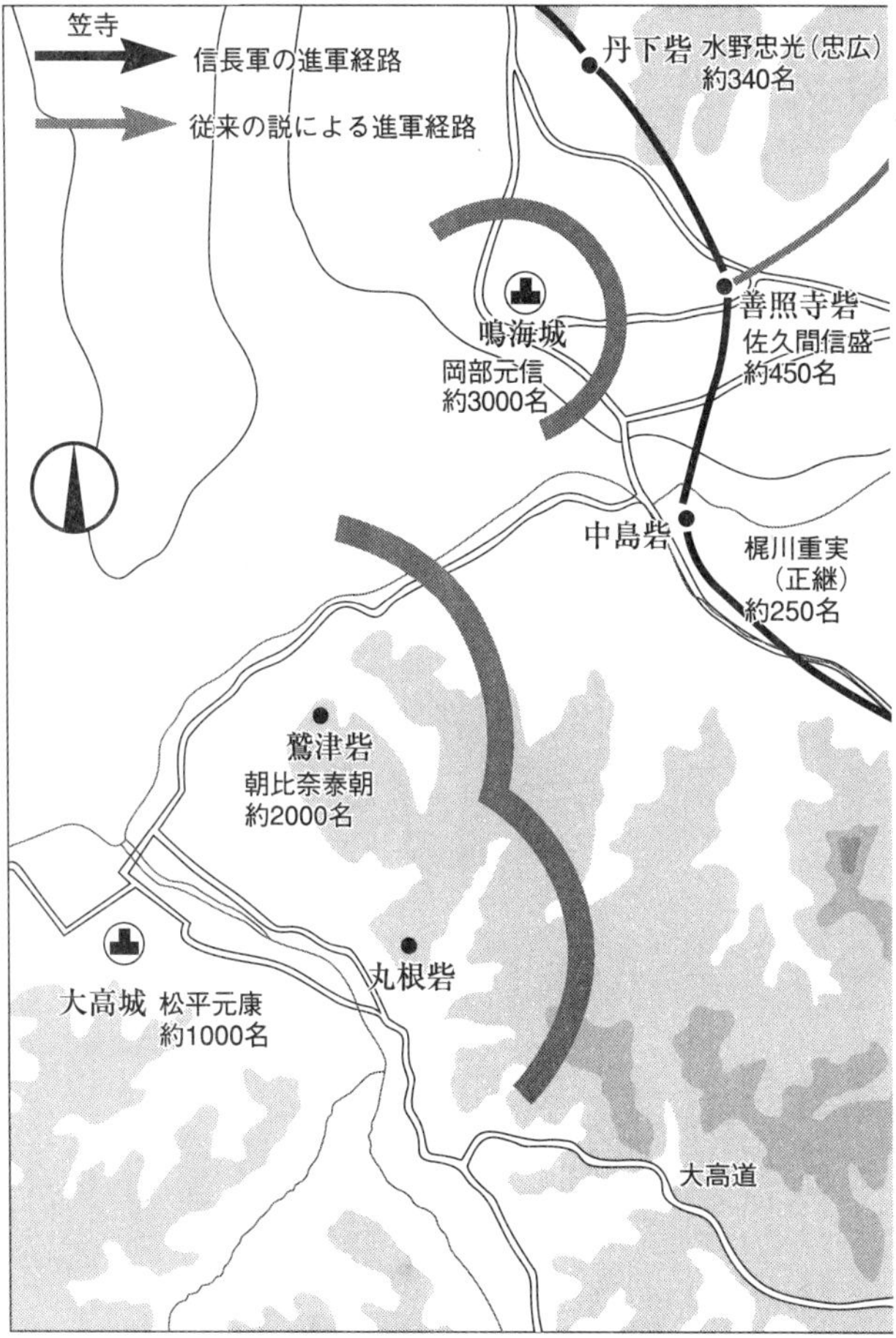
笠寺
信長軍の進軍経路
従来の説による進軍経路
丹下砦 水野忠光(忠広)
約340名
鳴海城
岡部元信
約3000名
善照寺砦
佐久間信盛
約450名
中島砦
梶川重実
(正継)
約250名
鷲津砦
朝比奈泰朝
約2000名
丸根砦
大高城 松平元康
約1000名
大高道

●コラム●清須城と城下町

清須城《きよす》は、現在、愛知県西春日井郡清洲町に若干《じゃっかん》の遺構を残しているにすぎない。公園となっているが、城跡のまん中を東海道本線と新幹線がつっきってしまっており、そこが、桶狭間《おけはざま》の戦いの時点での信長の居城であったことをうかがうことはむずかしい。

現在の地名が清洲であり、諸書にも清洲城と出てくるので、本書において使われている清須城という言い方に違和感をもった方も少なくないと思われる。たしかに、のち清須城は清洲城と表現されるようになるので、はじめから清洲城と書いてしまってもよいようなものの、戦国時代には一貫して町は清須で、城も清須城なので、ここでは、清須城で通すことにした。

太田牛一《おおたぎゅういち》の『信長公記《しんちょうこうき》』では、清須と清洲がごちゃまぜになっているが、牛一が『信長公記』を執筆したころはすでに清洲の時代だったので、書いているうちに混乱したものであろう。

清須は、位置的にみると尾張《おわり》平野のほぼ中央であり、五条川（木曽川水系）のほぼ中流城にひらけた城下町である。城も町も、標高六メートルほどの自然堤防の上に築かれており、典型的な平城《ひらじろ》であった。

尾張平野のほぼ中央というだけでなく、交通の要衝《ようしょう》でもあり、鎌倉往還《おうかん》と伊勢街道がここで合流し、中山道《なかせんどう》にも連絡する交通上のセンターだったのである。天正《てんしょう》期と、時代は少し下るが、『駒井日記《こまいにっき》』によると、「清須より萩原迄《まで》道通」「清須より津島迄道通」「清須より宮迄道通」という記載があり、その他、小牧までの道の存在も知られているので、萩原道・津島道・宮道（熱田《あつた》道）・小牧道と、文字通り東西南北に街道が四通していたことがうかがわれる。

この地の支配者が、これだけの交通上の要衝をみのがすはずはなく、早くも、応永《おうえい》十二年（一四〇五）ごろ、尾張守護斯波義重《しゅごしばよししげ》がここに城を築いている。五条川左岸に縄張《なわばり》をしたものと思われるが、そのころの城の規模や構造についてはまったく明らかではない。守護館だったので、城というよりは、館だったものであろう。

守護・守護大名の斯波氏は、尾張だけでなく、越前《えちぜん》・遠江《とおとうみ》の守護も兼ねており、また、守護は京都にいることが多かったので、実権は下四郡守護代《しゅごだい》の織田氏が握るようになり、清須城も守護代織田氏によって整備・拡張されていった。

信長が守護代織田信友《のぶとも》を討って清須城に入ったのは弘治《こうじ》元年（一五五五）四月二十日のことであった。以来、永禄《えいろく》六年（一五六三）に小牧山に新しく城を築いて移っていくまで信長の本城として整備され、秀吉《ひでよし》の清須城割普請《わりぶしん》などのエピソードも生んでいる。

秀吉といえば、天文《てんぶん》二十年（一五五一）、十五歳のとき、生まれ故郷の尾張中中村《なかなかむら》を出奔《しゅっぽん》しているが、そのとき、持っていた一貫文で針を買ったのは清須の城下であった。すでに、信長入城以前、ある程度の城下町として発展していたことがわかる。

天正十年（一五八二）の本能寺《ほんのうじ》の変《へん》後、ここで織田家の後継者を決める有名な「清須会議」が開かれている。そのあと、城主として入ったのは信長の二男信雄《のぶかつ》であった。信雄は秀吉と対抗する必要上、城の規模を拡大し、天守閣なども築いている。

清須城は三重の堀に囲まれた形をしているが、その基本的プランはこのときの信雄による大改築によるものと思われる。城下町も拡大され、東西一・五キロメートル、南北二・七キロメートルと、五条川に沿った南北に長い城下町として展開している。

城下町の一部が一九八二年から継続して発掘調査されているが、かつての掘割や道筋、さらに町屋などが次第に姿をあらわしつつあり、武家地・町人地・寺社地の区分がはっきりなされていた様子がうかびあがってきた。

特に注目されるのは町人地で、長方形街区と短冊型地割によって町割され、一部主要道沿いは竪町《たてまち》であるが、大半は横町になっていたことが明らかになってきた（遠藤才文「清須城」『季刊考古学』第二六号）。

城主はその後、豊臣秀次《ひでつぐ》・福島正則《まさのり》・松平忠吉《ただよし》・徳川義直《よしなお》とめまぐるしくかわり、慶長《けいちょう》十五年（一六一〇）徳川義直のときのことであるが、新しく名古屋に城と城下町が築かれることになり、名古屋城の完成とともに城は廃城となった。

城主がいなければ、いかに交通の要衝とはいえ城下町は成り立たない。家臣団はもとより、町人たちも競って名古屋への移転を開始した。これが有名な「清洲越《きよすこし》」である。こうして一瞬にして清洲の城下町はさびれていった。

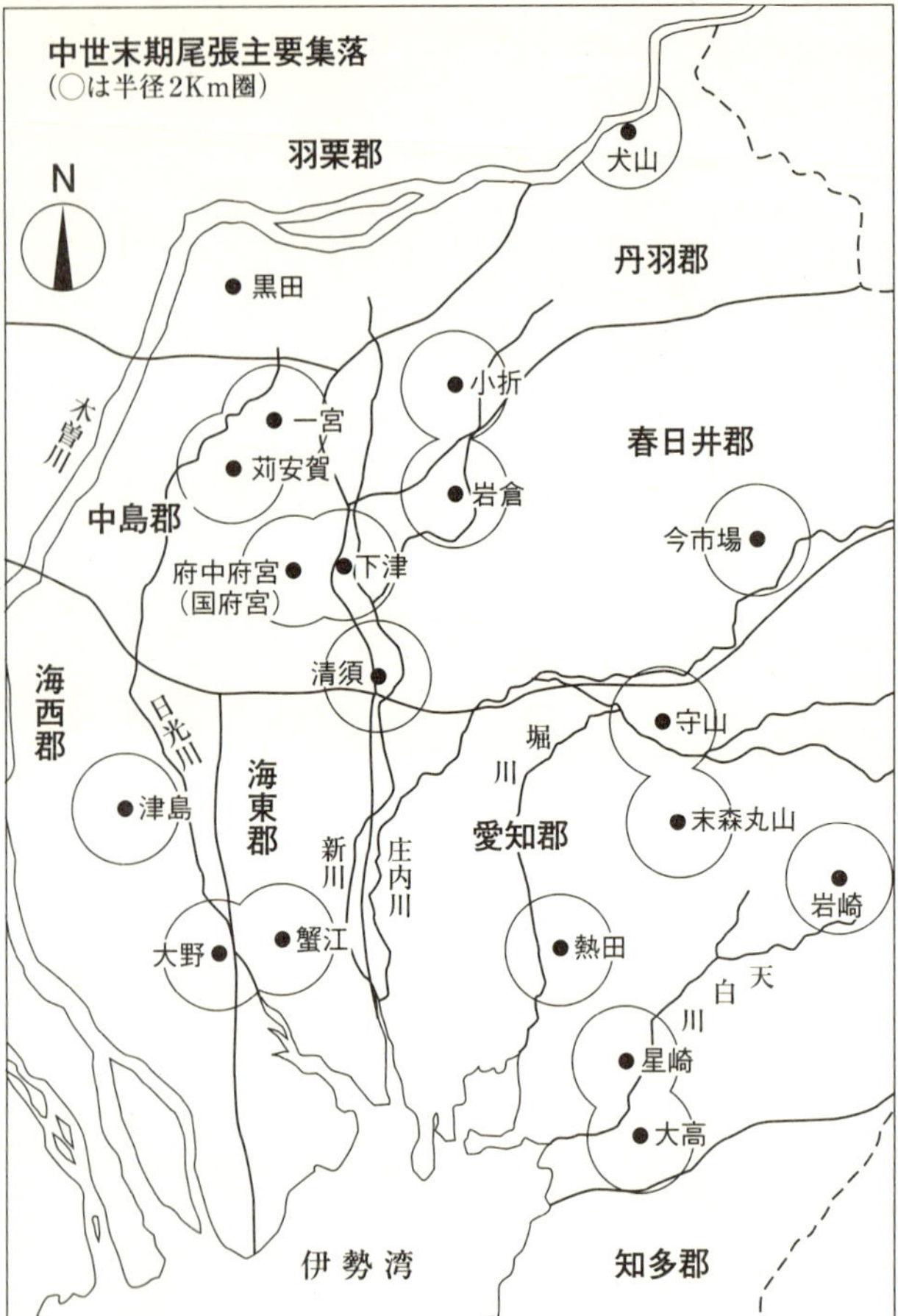
中世末期尾張主要集落
(◯は半径2Km圏)
N
羽栗郡
犬山
丹羽郡
黒田
小折
一宮
苅安賀
岩倉
春日井郡
木曽川
中島郡
今市場
府中府宮
(国府宮)
下津
清須
海西郡
日光川
海東郡
堀川
守山
津島
新川
庄内川
愛知郡
末森丸山
岩崎
大野
蟹江
熱田
天白川
星崎
大高
伊勢湾
知多郡

第五章　義元討たる

五月十九日午前八時ごろ　義元、沓掛城を出発

ここで再び、義元《よしもと》の動きをみることにしよう。前夜、すなわち五月十八日、元康《もとやす》が大高城《おおだか》に兵糧《ひょうろう》を無事運び入れたことは、当然、義元も知っていたものと思われる。八歳のときから面倒《めんどう》をみてきた元康が、十二年たって、十九歳の青年武将に成長し、今や文字通り自分の片腕となって働いていることに満足な思いで寝についたのではなかろうか。

十九日未明からはじまった丸根《まるね》砦・鷲津《わしづ》砦攻めの一部始終は逐一《ちくいち》義元の本陣には報告されたが、眠っている義元の耳にまでは届けられなかったであろう。義元自身は、「いよいよ今日、尾張《おわり》の中原《ちゅうげん》に駒を進める」という前途洋々たる思いで五月十九日の朝を迎えたものと思われる。

義元が目覚めたところで、側近から、未明に丸根砦攻めがはじまったことと、戦局は今川軍圧倒的優位の状態で推移していることの報告がなされたはずである。ここで

も松平元康の働きぶりを知らされ、義元は満足の態であった。

ただ、ここで、義元のそのときの心理状況に少し立ち入ってみたい。前夜の大高城兵糧入れといい、十九日早暁《そうぎょう》の丸根砦攻めの戦いぶりといい、元康の一人舞台といってもよい働きぶりに、表面上の満足とは別に、義元自身の中に、何か素直によろこべないものがあったのではないかと考えられるからである。

五月十九日朝の義元の心理描写をした史料というのはまったくない。したがって、この点はまったくの推測ということになってしまうが、一つの可能性としてここで考えておきたい。

義元は、表面では元康の働きぶりを絶賛しながら、本心では、それほどよろこんでいたわけではなかったと思われる。いかに元康の面倒をみてきたとはいっても、所詮《しょせん》、元康は松平広忠《ひろただ》の子である。自分の姪《めい》を娶《めあわ》せ、今川一門の人間として扱ってみても、所詮、松平の人間である。「あまりにすぐれた武将に成長しすぎてしまった」といった思いもあったのではなかろうか。

仮に、義元の子氏真《うじざね》が、元康以上にすぐれた武将であったなら、義元のそのような思いは単に杞憂《きゆう》だったろうが、氏真がおよそ戦国武将らしくない毎日を送っていることに一種の焦《あせ》りのようなものを義元が感じはじめたと思われるのである。

義元時代、すなわち、今川氏の全盛時代の駿府《すんぷ》には実に多くの公家《くげ》たちが京から下ってきていた。さながら駿府は京都の町の一部を移したような状態となっていたのである。氏真はそうした京下りの公家たちから和歌を習い、また『伊勢物語《いせものがたり》』や『源氏物語《げんじものがたり》』などの講義を聞き、さらには蹴鞠《けまり》を習い、また、風流踊りや闘鶏《とうけい》にうつつをぬかしていたのである。

しかも氏真は天文《てんぶん》七年（一五三八）の生まれなので、元康よりは四つ年上である。義元はどうしても、元康とわが子氏真とを比較してしまい、比較するたびに、わが子の不甲斐《ふがい》なさが強く感じられるようになっていったのではなかろうか。氏真を補佐する片腕に育てるつもりが、何となく最初の思惑とはちがう方向に進みつつあることを、はっきり認識したのではなかろうか。

義元は、前夜来の元康の働きぶりの報告をうけるたびに、氏真を従軍させなかったことがよかったのか悪かったのか、考えはじめていたと思われる。では、義元はなぜ氏真を駿府に置いてきたのであろうか。

ふつう考えられているのは、義元が相手の信長をみくびっていたとする解釈である。義元・氏真父子が頭を並べて出陣するまでもないとみる考え方である。もう一つは、三国同盟を結んでいるとはいえ、破られるのが戦国の同盟の必然みたいなもので、このときも、義元が長期にわたり駿府を留守《るす》にすれば、甲斐《かい》の武田信玄《しんげん》、相模《さがみ》の北条氏《うじ》康《やす》が、いつ同盟を破棄《はき》して駿河に攻め込んでくるかわからない。そこで、甲斐・相模に備え、嫡子《ちゃくし》氏真に駿府の留守をまかせていたという解釈である。

しかし、果たしてそれだけだったのだろうか。私は、もっと別な理由もあったのではないかと考えている。この点についてはは史料はまったくなく、私の推測でしかないが、このとき義元は、わが子氏真を出陣させれば、どうしても元康と比較されることになり、それを避《さ》けようとしたと考えたのではないか。

尾張侵攻ということなので、当然、その先鋒《せんぽう》は三河《みかわ》の武将たちがつとめることになる。さまざまな局面で、元康の働きが要求されるわけで、今川軍勝利のためには元康のはなばなしい活躍が求められるわけであるが、元康が戦果をあげればあげるほど、元康株が上がっていくということを覚悟《かくご》しなければならない。そこに〝無能な〟氏真がいれば、二人の対比によって、さらに元康の声望《せいぼう》が高くなってしまうことを義元は計算していたものと思われる。

義元が目覚めてから何度か入ってくる報告は、いずれも元康のみごとな戦いぶりに関するものだったと思われる。報告をうけながら表面は満足を装い、「内心複雑な思いだったのではないか」とみたのは、そうした理由があったからである。

義元が沓掛《くつかけ》城を出発した時間については正確にはわからない。ふつうは午前六時ごろに出陣というケースが多いが、この日の義元本隊のコースと時間とから逆算すると、どうやら午前八時ごろに沓掛城を出発したようである。

では、なぜ、こんなにゆっくりと出陣したのだろうか。これは、この日の義元の軍事行動のねらいが何であったかをさぐる上で興味深い点である。

これまでの先行研究では、「この日、義元が桶狭間《おけはざま》で討たれたのは、信長側の奇襲《きしゆう》を避けて、わざと鎌倉往還《おうかん》・東海道を通らず、まわり道をしたためである」という解釈が定説となっていた。当然、その背景には、「義元は鳴海《なるみ》城から、さらに信長の本拠清須《きよす》城に向かうため」という理解があった。

しかし奇襲を避けるためにわざわざ遠まわりをしたと考えるのはどうだろうか。義元が桶狭間で信長の奇襲攻撃をうけたという結果論から導き出されたもののように思えて仕方ない。私は、義元は、信長の奇襲をうけるなど夢にも思っていなかったとみている。だからこそ信長の奇襲があのように鮮かに成功したのである。

義元ないしその側近に、「信長からの奇襲があるかもしれない」といい出す者が一人でもいれば、義元はそれなりの備えをしていたはずである。

義元が十九日午前八時ごろ、沓掛城を出発したときには、信長がわずか五騎の小姓《こしよう》とともに清須城を飛び出していったことなど、義元側にはもちろん入ってきていない。義元は、「信長は当然清須城に籠城《ろうじよう》するはずである」と考えていた。つまり、信長軍の行動を籠城一本にしぼり、この日の計画をたてていたと思われるのである。

では、義元は、鎌倉往還もとらず、東海道もとらず、あえて大高《おおだか》道を進んだのはなぜであろうか。この答えは簡単である。義元ははじめから、その日は大高城に入ろうとしていたからである。だから、距離的なことも計算し、ゆっくり出陣したのである。「義元は、鳴海城、さらに清須城に進もうとしていたのではないか」と反論されるかもしれない。たしかに、鳴海城からさらに清須城へ急ごうとすれば、鎌倉往還をとるのが一番早い。沓掛からだと、東海道をとって鳴海城に出るのは少し遠まわりになる。

ここで、このあたりの地理にくわしい人から、「義元がはじめから大高城に入るつもりなら、わざわざ沓掛に進まず、東海道をそのまま安祥《あんじよう》→刈谷《かりや》→大高と進んでくればよかったではないか」と反論をうけるかもしれない。

これについては、理由がある。というのは、刈谷・緒川《おがわ》には、信長方の水野信元《のぶもと》の軍勢がおり、これとの接触を避けたと考えられるからである。水野勢との接触を避けて尾張に侵攻していることが確実なわけで、ある意味では、このような進軍姿勢が、果たして上洛《じようらく》軍のとった姿勢なのかということも疑問になってくる。こうした点からも、このときの義元の出陣は〝一気に上洛〟といったものではなかったとみられるわけである。

ところで、このとき義元が鎌倉往還でもなく東海道でもなく、大高道をとったのは、「信長がうわさを流させたからである」という解釈をする考え方がある。特に、作家にその支持者は多いようである。

つまり、信長が義元を討つため、もっとも討ちやすい地形の桶狭間あたりに義元を引っぱりこむため、「鎌倉往還も東海道も危険である」といった情報を故意に流させていたというのである。その可能性がまったくなかったと断言することはできないが、可能性としては低いのではなかろうか。話としてはおもしろいが事実ではあるまい。

第一、義元はその時点で信長など眼中にないも同然である。奇襲をうけるなど夢にも考えていない。そして第二に、この日の義元の行動は鳴海・清須方面に進むことではなく、大高城に入ることであった。大高城に入るためには、沓掛城を出て大高道をとるのは当然である。奇襲を避けて迂回《うかい》したわけではなく、それが当初から義元がとろうとしていたルートだったのである。

この日、すなわち五月十九日の義元の行動のねらいを大高城に入るためと考えたが、この考え方には異論があるかもしれないので、ここで少し補足説明をしておこう。

このときの出陣のねらいがどこにあったのかという問題とも微妙にからまってくるが、私の考え方はこうである。

五月十九日、大高城に義元が入ったあと、義元は鳴海城の岡部元信《もとのぶ》に命じ、鳴海城に対する織田方の付城《つけじろ》である丹下《たんげ》砦・善照寺《ぜんしょうじ》砦、それに中島《なかじま》砦の三つを攻めさせたであろう。これには、丸根《まるね》砦攻めを行った松平元康の兵も、鷲津《わしづ》砦を攻めた朝比奈泰朝《あさひなやすとも》らの兵も加わったはずである。

つまり、結論的にいえば、私はこのときの義元の最大のねらいは丸根砦・鷲津砦・丹下砦・善照寺砦・中島砦という織田方の五つの砦を陥落《かんらく》させることにあったと考えている。五つの付城を落とすことによって、大高・鳴海あたりを完全に今川領に組みこむことが目的であったととらえている。清須城を攻めることが目的だったとか、さらには、上洛することが目的だったという考え方には、私は否定的である。

もちろん、五月十九日に、義元が大高城に入る前に殺されてしまったので、義元の真意がどこにあったかは推測によるしかないわけであるが、さきにも述べたように、刈谷・緒川あたりの信長方勢力をそのままにした状態で尾張に侵攻していることをみると、五砦を陥落させ、信長の動きいかんでは清須城をも攻撃対象としていたといった程度であったと思われる。

「はじめから清須城を攻めるつもりであった」とか、「清須城の信長を討ち取って、その勢いで上洛しようとしていた」という考え方には賛成できない。

五月十九日午前十一時ごろ 二砦陥落の報、義元本隊に届く

義元《よしもと》のこの日のねらいは、丸根《まるね》砦・鷲津《わしづ》砦という大高《おおだか》城の付城《つけじろ》である織田方の二つの砦を落とし、さらに、丹下《たんげ》砦・善照寺《ぜんしょうじ》砦・中島《なかじま》砦という鳴海《なるみ》城の付城である三つの砦を落とすことにあった。そして、義元自身は大高城に入る予定だったと思われる。

沓掛城から大高城まではおよそ一二キロメートルで、午前八時に出ても、夕方四時ごろには大高城に入れると計算していたはずである。したがって、この日の行軍はゆっくりとしたスピードであり、義元自身というか、義元本隊は、はじめから前線の実戦に参加するつもりはなかった。

戦いは、三河《みかわ》隊、すなわち松平元康《もとやす》率いる岡崎衆や、遠江《とおとうみ》隊、すなわち掛川城の朝《あさ》比奈泰朝《ひなやすとも》らにまかせ、みずからは、そのうしろで督励《とくれい》するだけだったのである。

一〇六・一一三ページで述べたように、松平元康による丸根砦攻撃、朝比奈泰朝による鷲津砦攻撃はすでに夜中の三時ごろにははじまっていたが、丸根砦では佐久間盛《もり》

重《しげ》の、鷲津砦では飯尾定宗《いのおさだむね》らの防戦にあい、簡単に落とすわけにはいかず、一進一退のはげしい戦いがくりひろげられたのである。

午前三時ごろの戦闘開始ということからも明らかなように、丸根砦・鷲津砦の戦いは夜戦であり、夜戦の場合、なかなか敵味方の区別がつきにくく、よほどの奇襲でもないかぎり、戦いが短時間で終るということはない。

このときの丸根砦・鷲津砦の戦いでもそうだった。やがて夜が白々とあけはじめ、敵味方の区別がはっきりしたころになってようやく今川軍がはっきり優勢となり、二砦陥落《かんらく》は時間の問題となった。もちろん、元康からも朝比奈泰朝からも「攻撃開始」の第一報は義元本陣の沓掛城に届けられたし、砦を守る佐久間盛重・飯尾定宗らからも「今川軍が攻撃をしかけてきた」という急報は清須城の信長のもとに届けられている。

すでにみたように、この急報を聞いて信長は清須城を飛び出して出陣していったわけであるが、義元の方は、既定《きてい》の方針通りということで、就寝中の義元の耳にまでは達しなかったのかもしれない。結果論になるが、この時点、つまり、義元側には「丸根砦・鷲津砦の攻撃がはじまりました」という報告が入り、信長側に「丸根砦・鷲津砦に今川軍がとりかかりました」という報告がそれぞれの陣営にとびこんだときの両者のちがいが、その後の明暗を分けてしまったように思えてしかたがない。

義元側では、義元が目覚めてから、側近《そっきん》から、「早暁《そうぎょう》、戦いがはじまり、ただいま攻撃中」との報告が義元になされたものと思われる。予定の展開なので、義元は満足にうなずきながら報告を聞き、朝食をとって、ゆっくりつぎの行動をとりはじめたのである。

時間経過からすると、午前十一時ごろと思われるが、桶狭間《おけはざま》の少し手前のあたりで、「丸根砦・鷲津砦陥落！」のしらせが義元のもとに届けられた。そのしらせと前後して、信長軍の先鋒《せんぽう》（囮《おとり》部隊）佐々政次《さっさまさつぐ》・千秋季忠《せんしゅうすえただ》ら三〇〇を討ち取ったというしらせも入った。義元は信長本隊がまさか奇襲をしかけてくるなどとは思ってもいないので、佐々政次・千秋季忠ら三〇〇の動きが、単純に信長軍の先鋒の動きと思いこみ、それが陽動《ようどう》作戦であることにはまったく気がついていない。

二砦陥落の報、それに信長先鋒を簡単に蹴《け》ちらしたということであれば、義元ならずとも楽観的気分におちいったとしても不思議ではない。義元を単純にせめるわけにはいかないと思われる。義元側に油断が生ずるのも無理がない戦いの展開だったのである。

五月十九日正午ごろ　桶狭間で昼食休憩

沓掛《くつかけ》から大高城《おおだか》に向かって進軍中の義元本隊《よしもと》に、丸根砦《まるね》・鷲津砦《わしづ》の陥落《かんらく》と信長先鋒《のぶながせんぽう》を討ち破ったというしらせが入ったが、義元は、その時点では兵をとめず、先へ進ませている。そして、桶狭間《おけはざま》に到着したところで、昼食のための休憩に入った。

その桶狭間というのが具体的にどこのことであるのかについてはあとでくわしく検討することとして、ここではまず、なぜ、休憩場所が桶狭間だったかについてみておきたい。ふつうに考えれば、午前八時に沓掛城《くつかけ》を出て、ちょうど桶狭間にさしかかったころ正午となり、弁当をつかうことになったと解釈される。私自身も、いくつかの史料をこまかく検討する前はそのように考え、何ら矛盾を感じてはいなかった。

ところが、『伊東法師物語《いそくほうしものがたり》』および『三河国郡志《みかわこくぐんし》』に気になる叙述《じょじゅつ》があり、ちがう解釈も可能ではないかと考えるようになった。

まず、『伊東法師物語』であるが、そこには、

……去程《さるほど》に十七日に本陣ハ池鯉鮒《ちりゅう》表へ押しよせ、桶はさまに陣を居へられたり、

とみえる。疑念を抱かずに読めば、「義元は池鯉鮒に本陣を置き、さらに進んで桶狭間に陣をすえた」と、時間の経過を追って書かれているとうけとめてしまう。しかし、『伊東法師物語』のそのさきには、松平元康《もとやす》による丸根砦攻めのことが出てくるので、時間の経過を追ったものではないことが明らかとなる。

　つまり、ここは、「義元の本陣が池鯉鮒に達したとき、すでに先鋒の一隊は桶狭間に着陣していた」と読むべきではなかろうか。『三河国郡志』に、「十七日押寄于池鯉鮒表、取陣于桶狭間働知多郡、放二火平處々一、」とあるのも同じである。ただ、両書とも日にちを十七日としているのは誤まりで、正しくは十八日である。

　私がここで強調したいのは、すでに五月十八日、義元が桶狭間で信長に討ち取られるすでに一日前、今川軍の先鋒が、桶狭間に布陣《ふじん》していたという点である。〝陣城〟というほど大がかりなものではなかったかもしれないが、今川軍としては、桶狭間に、すでに五月十八日に陣がすえられていたという事実は、この際注目しておいてよいのではなかろうか。

　桶狭間を通ったとき、ちょうど昼食時だったので、たまたまそこで昼食休憩をとったというのではなく、すでに前日に今川軍先鋒がそこに陣を張り、陣場《じんば》として整備さ

れていたのではないかと考えられるのである。つまり、義元は、沓掛城を発したときから、つぎには桶狭間の陣場に入ることが予定の行動だったと考えられる。

いかに威風堂々《いふうどうどう》の行軍とはいえ、ただ、時間がちょうど昼食時になったからといって、何の事前の準備もない場所に休憩するというようなことが果たしてありえたであろうか。

陣場ということになると、当然のことながら戦略上、十分考えられた場所に設けられるのがふつうである。堀を掘ったり、土塁《どるい》を盛ったりといった普請《ふしん》にまでは至らなくとも、柵をめぐらしたり、竹矢来《たけやらい》を組んだりといった簡単なことはなされていたのではなかろうか。もちろん、ただ、大高城に入るまでの通過地点であるので、本格的な〝陣城〟を築くというほど大がかりなものとは思えないが、一日前にも先鋒が入っていることを考えあわせると、多少の設備はあったものとみてよいだろう。

となると、これまで通説とされてきた桶狭間の義元本陣の場所というのは疑問になってくる。現在、桶狭間古戦場、すなわち本陣の場所として有力視されているのは、豊明市栄町南館の「桶狭間古戦場」と、名古屋市緑区有松町大字桶狭間字ヒロツボの「田楽坪《でんがくつぼ》古戦場」の二か所であるが、そのどちらも低地、すなわち谷間であり、戦国期の陣場としては不適当な立地だからである。よほどのことがないかぎり、常識的にはそのような低地に陣場を設けるということはありえない。

おそらく、「桶狭間古戦場」にしても、「田楽坪古戦場」にしても、そこが低地であり、軍学的にみて陣場としてふさわしくない場所であることから、「急にそこで昼食休憩をとるようになった」式に理解されてきたものと思われる。つまり、事前に目星をつけ、準備をしていた場所としては、豊明市の方も、有松町の方も、どっちもふさわしい場所ではないのである。

では、五月十九日の正午ごろ、義元が本陣とした桶狭間とは具体的にどこだったのだろうか。

ここでも、もっとも依拠《いきょ》すべき史料は『信長公記《しんちようこうき》』であると思われる。同書には、「御敵今川義元は四万五千引率し、おけはざま山に人馬の息を休めこれあり」とあり、明らかに桶狭間山に本陣をすえたことがわかる。谷間の低地ではなく、桶狭間山という山の上だったのである。これだと、陣を構えるセオリーにかなっており、一日前から目星をつけ、準備を進めた場所だったとみてまちがいないであろう。

いま私は、「桶狭間山という山」という表現を用いたが、実は、桶狭間の周辺に桶狭間山という固有名詞の山は存在しない。土地の人に聞いても「そんな山はない」といわれるし、詳細な地図をみても「桶狭間山」と書かれたものはない。

太田牛一《おおたぎゅういち》が『信長公記』を著わしたころにはあった山の名が、いつしか消えてしまったものか、あるいは、もともと固有名詞で「桶狭間山」というのはなく、「桶狭間の山」といった程度の表現だったかのいずれかであろう。

桶狭間山を標高六四・七メートルの丘に推定したのは、管見《かんけん》のかぎりでは小島広次氏が最初である。小島氏はその著『今川義元』でつぎのように述べている。

……尾張藩祖徳川義直《よしなお》が父家康の功業事績をまとめさせた『成功記』では「桶峡之山ノ北ニ陣ス」といっている。『桶峡合戦記』もまた別の個所では「桶峡山ノ北ノ松原』としているから、義元本陣は桶狭間山の北ということになる。

それでは桶狭間山はどれかということになるが、永禄三年当時、どの丘をそうよんでいたか、残念ながら現在では、はっきりしない。ただ、江戸中期ごろに作成されたと推測される『桶狭間図』では、現在の桶狭間集落の北東約六百メートルの地点にある標高六十四・七メートルの丘をさしているようである。この丘は周辺最高の丘で、これより西の方丹下・善照寺砦まで見通すことができる。

私も、桶狭間山は、小島氏の指摘する標高六四・七メートルの無名の丘でよいのではないかと考えている。

『信長公記』はそれに続けて、「天文《てんぶん》廿一　壬子《みずのえね》五月十九日午剋、戌亥《いぬい》に向て人数を備へ、鷲津・丸根攻落し、満足これに過ぐべからず、の由候て、謡を三番うたはせられたる由候」と記している。天文廿一壬子というのはいうまでもなく永禄三年（一五六〇）のまちがいであるが、義元が五月十九日の正午ごろ、桶狭間山の本陣に落ちついて、戌亥、すなわち、北西に向かって人数を備えたという記述は重要な一つの側面をついたものとみることができる。

今川方では、そのころ、信長本隊が善照寺砦まで進んできていることは承知しており、奇襲は予想していなかったとしても、さきの佐々政次・千秋季忠らのような織田軍による何らかのアクションがあることは予見しており、それに対する備えをしていたことがうかがわれる。

義元は昼食をとりながら、謡《うたい》を三番うたっているが、丸根砦・鷲津砦も陥落し、満足なおももちで謡をうたった様子がうかがわれる。

そうこうするうちに、佐々政次・千秋季忠らの首も届けられ、昼食後、その首実検《くびじっけん》が行われている。『信長公記』に、「是《これ》を見て、義元が戈先《ほこさき》には天魔鬼神も忍《たまる》べからず。心地はよしと悦《よろこん》で、緩々《ゆるゆる》として謡をうたはせ陣を居《すゑ》られ候」とみえるように、また謡をうたっている。よほど心地よかったのであろう。

ただ、『信長公記』には、謡をうたってはいるが、酒宴乱舞《しゅえんらんぶ》といった情景は描かれていない。ふつうは、このときの義元本陣において、酒盛《さかもり》が行われたとされている。実際はどうだったのだろうか。

「酒宴乱舞」説のもとはどうやら小瀬甫庵《おぜほあん》の『甫庵信長記《ほあんしんちょうき》』らしい。同書巻第一之上「義元合戦事」のところに

……敵頸《くび》を取て義元の見参《けんざん》に入たりければ、物始よしと悦て、今朝は鷲津丸根両城即時に乗取、今又多の敵を討捕事《うちとること》、兎《と》にも角《かく》にも我鑓先《やりさき》には、いかなる天魔鬼神なりと云どもたまるまじ。舞や歌へやとて酒飲てぞ居たりける。

とあり、酒盛がはじまったことを記しているのである。これが、そののち『桶狭間合戦記《おけはざまかっせんき》』などによってさらに増幅《ぞうふく》され、今日の通説が形作られるようになったものと思われる。やや長文にわたるが、『桶狭間合戦記』の関連部分をつぎに引用しておこう。

……義元赤地の錦の直垂《ひたたれ》に胸白の具足《ぐそく》を着し、松倉郷《まつくらごう》よしひろの太刀を帯《おび》て沓掛《くつかけ》を出陣し、桶狭間山の中田楽狭間《でんがくはざま》に至る。時に大高より注進、今朝鷲津・丸根を攻落し、両城の主将佐久間大学・飯尾近江守を討取たりと告け、其《その》首を献す。義元大に悦《よろこ》ひ、此鋒先にてハ尾張の国を打随《うちしたがえ》ん事たやすかるへしと敵を軽ろんしあなとる気色《けしき》あり。この節、近辺の寺社并《ならび》に郷民の富める者等、御合戦の御勝利目出度《めでたし》とて、酒肴《しゅこう》菓子を献す。義元、田楽狭間に止て、諸士に酒肴を賜《たまわ》り、旗本の先陣の将

松井兵部少輔家信等は拾町計《ばか》り張出て備を堅くす。かゝる処《ところ》へ、又鳴海表より注進来り、御先手の輩《ともがら》鳴海へ出張し、善照寺等の砦を攻んと相議する所、清須勢後詰《ごづめ》として数千軍出陣し、先手進ミ来るに依《より》て、則《すなわ》ち相戦ひ、打勝て敵の先将を始数十騎討取り、餘兵猶《なお》要害の地に対陣すといへとも、是又頓《これまたやが》て打散らすへしとて、佐々・千秋・岩室以下の首を実検に備ふ。義元ますく喜悦《きえつ》斜《なめ》ならす、我か威勢にハいか成《なる》天魔鬼神も面をむくへからすとて、将兵共に勇ミ誇りて、敵を物ともせずして酒宴を催し、乱舞し給ふ。

『桶狭間合戦記』によれば、田楽狭間《でんがくはざま》で休憩中の義元のもとにまず佐久間盛重・飯尾定宗の首が届けられ、二砦陥落を聞き知った付近の寺の僧侶、神社の神官、さらに豪農らがわれさきにと義元本陣に戦勝祝いの酒肴を届け、義元も、家臣たちに酒をふるまったという。

近在の僧侶・神官たちが酒肴を届けたのは事実だったようで、『松平記《まつだいらき》』巻二にも、「今朝の御合戦御勝にて目出度《めでたし》と、鳴海桶はさまにて昼弁当参候処《ところ》へ、其辺の寺社方より酒肴進上仕《つかまつ》り御馬廻《おうままわり》の面々御盃被下《くだされ》候……」とみえている。

付近の寺や神社の僧侶・神官が義元本陣に戦勝祝いを届けたのにはそれなりの理由があった。

これは、戦国時代の一般的な習慣といってもよいが、禁制を発給《はっきゅう》してもらうことと関係している。つまり、僧侶ならば自分の寺が、神官ならば自分の神社が、兵馬によって荒らされてはこまるので、禁制を出してもらうよう義元に頼みこむわけであるが、そのとき、手ぶらではなく、手みやげとして酒や肴《さかな》を持参したわけである。もちろん、金品を献上《けんじょう》したりもしている。

このように働きかけることによって、義元から寺社境内での今川軍の陣取が禁止され、竹木伐採《ばっさい》などの禁止がお墨つきによって確認されるわけである。僧侶や神官たちは、自分の寺や神社を守るために、合戦がある場合、特に近くに出陣してきているような場合には、軍勢のうち、どちらが優勢かをみきわめなければならず、勝ちいくさであることがはっきりしたときなどはなおさらのこと、競って戦勝祝いの品を届けていたわけである。

『信長公記』にも記されていたように、義元は上機嫌《じょうきげん》で謡をうたっているほどなので、祝い酒がふるまわれた可能性は高い。とはいっても、「酒宴乱舞」といわれるほどのものだったかどうかは疑問である。信長の奇襲によってあっけなく壊滅《かいめつ》していった今川軍なので、「このようだったのではないか」という想像によってイメージが築かれていったのではないかとも思われるのである。

「酒宴乱舞」というほどではなかったにしても、多少酒が入っていたことは事実だったであろう。しかし、酒が戦局を左右するほどの重要なポイントだったとは思えない。私は酒よりも雨の方が大きな意味をもっていたのではないかと考えている。

さきにも述べたが、桶狭間の戦いのあった五月十九日というのは、今の暦になおすと六月二十二日である。ちょうど梅雨の最中にあたる。梅雨には二つのタイプがあり、しとしとと降り続くような陰性の梅雨と、ふだんは雨が降らず、まとまってザーッと降る陽性の梅雨とがある。永禄《えいろく》三年（一五六〇）の梅雨は後者、すなわち、陽性の梅雨だったのではなかろうか。

そして、ザーッと降った日が五月十九日だったと思われるのである。

正午ごろ、義元本隊が桶狭間山を中心にして付近に陣どり、昼弁当を食べはじめ、食べている最中か、あるいは食べ終わったころ、急にはげしい雨が降りだした。このはげしい雨は二つの意味で重要である。一つは、馬廻《うままわり》をはじめとする義元の旗本《はたもと》部隊が雨をさけ、てんでに行動をとり、「義元殿をお守りする」という意識が短時間ではあれ、どこかへ飛んでしまったという点である。それまでの規律ある行動はほんの少しではあるが狂いが生じた。このような軍事行動の場合、ほんの少しの狂いも、結果的には大きなわざわいのもとになってしまう。

もう一つは、このはげしい雨のため、信長軍の行動が今川方に知られなかったという点である。さきに『信長公記』を引用したように、義元は、正午ごろ桶狭間山に入るとともに、「戌亥《いぬい》に向て人数を備へ」ている。つまり、信長軍の先鋒《せんぽう》がくるかもしれないので、それに対する備えのため、桶狭間山の北西方向には今川方の斥候《せっこう》部隊が配置されているのである。

したがって、ふつうの状況であれば、そちらの方向から桶狭間山に接近しようとする信長軍二〇〇〇は当然、発見されていたはずである。それが発見されなかったということは、今川方の斥候部隊の怠慢《たいまん》か、あるいは、はげしい雨のため、視界がきかず、信長軍の接近を察知《さっち》することができなかったかのいずれかであろう。私は、はげしい雨が決定的な要因だったと考えている。

それがいかにはげしい雨であったかは、経験した人間でなければわかるはずはないが、そういってしまったのでは身も蓋《ふた》もないので、いくつかの史料から、そのときの状況を再現してみることにしよう。

大久保彦左衛門忠教《ひこざえもんただたか》の『三河物語《みかわものがたり》』には、「義元ハ、其ヲバ知リ給ズシテ、弁当ヲツカハセ給ひて、ユク〳〵トシテ御《おわしまし》給ひシ処《ところ》に、車軸《しゃじく》ノ雨ガ降リ懸《かか》ル処に……」と、車軸の雨といった表現で出てくる。車軸の雨とは、車軸をも流してしまうほどの強い雨が降ったという意味であろう。

『信長公記』では、「俄《にわか》に急雨《むらさめ》石氷を投打つ様に……」とあり、雹《ひょう》のような大粒の雨が降ったことを伝えている。

しかも雨だけではなく強風をともなっていたわけで、義元本陣桶狭間山の北西の警備にあたっていた今川軍斥候部隊も、そのはげしい雨をさけ、散開してしまったものと考えられるのである。はげしい雨で視界をうまくさえぎってもらい、しかも、斥候部隊が散開していたという二つの好条件が重なり、信長は桶狭間山の麓にとりつくことができた。

五月十九日午後一時すぎ　信長、義元本陣に突入する

いま私は、「信長《のぶなが》は桶狭間《おけはざま》山の麓にとりつくことができた」と無造作《むぞうさ》に書いてしまったが、これについては少し説明が必要であろう。「太子ヶ嶺《たいしがね》という小高い高みから義元本陣《よしもとほんじん》に攻め下ったのではなかったのか」という声があがって当然だからである。たしかにこれまでの通説では、信長は太子ヶ嶺（太子ヶ根）に陣どり、号令一下、坂をかけおりて義元本陣を襲ったということになっている。

しかし、本書でくりかえし指摘しているように、善照寺《ぜんしょうじ》砦から相原《あいはら》を通り、太子ヶ嶺に入ったとする迂回奇襲《うかいきしゅう》説は、史実ではないと考えている。ここでは、迂回奇襲説の代表として『桶狭間合戦記《おけはざまかっせんき》』を、正面奇襲説の代表として『信長公記《しんちょうこうき》』の記述をとりあげ、どちらが蓋然性《がいぜんせい》が高いかを検討してみることにしよう。

まず、『桶狭間合戦記』にはつぎのようにみえる。

……信長自ら引率《いんそつ》せらる人数ハ、善照寺砦の東の狭間へ引分け勢揃して三千兵なり。

信長諸士に向て、敵今朝の勝軍にほこつて、大将も士卒も我を侮《あなど》り、油断して有し所を、其不意《そのふい》を討たハ大利を得ん事掌の中にあり、汝等《なんじら》、此戦にハ分捕功名すへからす。唯《ただ》壱人も敵多く討捨にせよとのたまへハ、諸士ハはや勝たる心地して、則ち旗を巻き、兵を潜め、中島より相原村へかゝり、山間を経て太子か根の麓に至る。時に天俄《にわ》かに黒雲たなひき覆《おお》ふて、暴風熱田の方より頻《しき》りに吹来りて、大雨車軸《しゃじく》を流することく（ごとく）。然《しか》るに幸ひ味方ハおひ風、敵ハ向ひ風にて、沙石氷を擲《なげう》つに異ならす。信長太子か根より急に田楽狭間《でんがくはざま》へ取り掛り、大音声にて、敵此雨に途を失ふへし、討て入れと下知《げち》せらる。

ただ、ここで注目されるのは、迂回奇襲説でも、信長軍が中島砦までいっている点である。つまり、善照寺砦→中島砦→相原→太子ヶ嶺と進み、太子ヶ嶺から、義元本陣への突撃《とつげき》を命じていたことがわかる。

しかし、この『桶狭間合戦記』でも、太子ヶ嶺から攻撃をしたと記してはいるが、「太子か根の高みから、眼下の義元本陣に攻め下った」という表現はしていない。迂回奇襲説でも、はじめは、太子ヶ嶺の麓《ふもと》に至り、義元本陣に攻撃をしかけたように理解していたらしい。それがいつのまにか「太子ヶ嶺の高みから坂をかけおりた」という通説でいうような描写になってしまったわけである。

坂をかけおりながら、「かかれ！」と号令したとする方が絵になったからであろうが、これは、源平争乱の、源義経《みなもとのよしつね》の鵯越《ひよどりごえ》の逆落《さかさおと》しの焼き直しにすぎないのではなかろうか。

ところが、『信長公記』になると、かなりちがった展開となっている。『信長公記』では、残念ながら、信長軍が中島砦を出たあとどのように義元本陣に接近したのか、そのコースの描写は省略されてしまっている。そして、山際を進んだことを記し、以下、つぎのようにみえる。

……山際迄《まで》御人数寄せられ候の処、俄《にわか》に急雨《むらさめ》石氷を投打つ様に、敵の輔《つら》に打付くる。身（味）方は後の方に降りかゝる。沓懸《くつかけ》の到下《とうげ》の松の本に、二かい・三かゐの楠の木、雨に東へ降倒るゝ。余りの事に熱田大明神の神軍《かみいくさ》かと申候なり。空晴るるを御覧じ、信長鑓《やり》をおつ取て大音声を上げて、すはかゝれ〳〵と仰せられ、黒煙立てゝ懸《かか》るを見て、水をまくるがごとく後ろへくはつと崩れたり。弓・鑓・鉄炮・のぼり・さし物、算を乱すに異ならず。今川義元の塗輿《ぬりこし》も捨てくづれ逃《のが》れけり。

天文廿一年壬子五月十九日、

旗本は是なり。是へ懸れと御下知《げち》あり。未剋《みのこく》東へ向てかゝり給ふ。

これでみると、信長本隊二〇〇〇は山際にひそみ、雨があがったところで急に義元本陣に攻めかかったことがわかる。太子ヶ嶺の上からとか、あるいは麓からといった描写はみえない。しかも、注目されるのはここで引用した最後の一行である。「東へ向てかゝり給ふ」とはいったいどういうことなのだろうか。

一八四ページで述べたように、このときの義元本陣の場所を標高六四・七メートルの桶狭間山とすれば、信長は中島砦を出て、山際を今川方の斥候《せっこう》部隊に発見されないように進み、桶狭間山の西側の麓に到達し、そこから東へ向けて攻撃をはじめたということになる。つまり、『信長公記』の記述を信用すれば、迂回奇襲ではなく、正面奇襲ということになり、しかも、信長軍は攻め下ったのではなく、攻め上ったことになる。

中島砦から桶狭間山に至るルートが『信長公記』では省略されているので、さきに引用した『桶狭間合戦記』の叙述《じょじゅつ》のように、中島砦→相原→太子ヶ嶺→義元本陣という考えが完全に否定されたとはいいきれないが、太子ヶ嶺から攻め下ったというのはどうも事実とは思えない。私は、桶狭間山の西側にひそかに接近した信長が、雨があがったところで「かかれ！」と総攻撃の命令を下したものと考えている。

五月十九日午後二時ごろ　義元討たれる

信長《のぶなが》率いる二〇〇〇の精鋭《せいえい》が桶狭間《おけはざま》山の義元《よしもと》本陣に攻めかかったのは、時間の流れからすると、午後一時を少しまわったころのことと思われる。はげしい雨の中を攻めこんでいったように描かれることもあるが、雨がやんだときをみはからって信長が総攻撃を命じたことは明らかである。

信長は、あらかじめ簗田政綱《やなだまさつな》からの報告によって義元の居場所を承知していた。つまり、今川軍の心臓部だけにねらいをしぼって攻めかかったわけである。今川軍全体ではたしかに二万五〇〇〇の大軍であるが、このときの義元本隊はせいぜい五〇〇〇ほどではなかったかと思われる。しかも、その五〇〇〇の軍勢も北西方向への前衛《ぜんえい》としての斥候《せっこう》部隊とか、いろいろと分かれており、桶狭間山の義元のまわりにはほんのわずかの馬廻《うままわり》しかいなかったのである。信長のねらい目もそこにあったわけで、計算通りの奇襲であった。では、具体的に、どのような戦闘がくりひろげられたのであろうか。『信長公記《しんちょうこうき》』をベースにして、他の史料の記述も参考にしながらくわしく追ってみることにしよう。

義元本陣に接近した信長軍の先鋒《せんぽう》は、織田造酒之丞・森三左衛門・林佐渡守・毛利新介・中條小市・遠山甚太郎・同河内守・簗田出羽守らで、義元本陣間近にとりついたところで馬をおり、そこで鬨《とき》の声をあげるとともに、おめき叫びながら本陣に突入していった。

信長方でも、義元本陣の場所を承知していても、その本陣の中で、義元がどこにいるかまではわからなかった。突入したところで、信長軍の第一番目の仕事は、義元がどこにいるかを探索《たんさく》することであった。しかし、それも意外にあっさりけりがついてしまった。義元が駿府《すんぷ》を出発したときから使ってきた塗輿《ぬりこし》がみつかったのである。当然、信長の側では、塗輿の近くに義元がいるはずだと考える。

このことは、逆に考えれば、義元の側が、信長の奇襲《きしゅう》をまったく予期していなかったことを物語る。予期していれば、義元本人の居場所を示す塗輿は離れたところに置いたはずだからである。義元側が信長の奇襲をまったく考えていなかったことが、この奇襲がそれこそ絵に描いたように成功した最大の要因であったろう。

塗輿のそばに義元はいた。『信長公記』によれば、そのとき三〇〇騎ほどの人数が義元をまん中にして「真丸《まんまる》になって」退《しりぞ》きはじめた。三〇〇騎と記していることは注目すべき点で、足軽、雑兵《ぞうひょう》三〇〇ではなく、騎馬武者、すなわち武士が三〇〇であったということを示している。おそらく、馬廻衆《うままわりしゅう》、すなわち義元の旗元《はたもと》三〇〇に囲まれ、撤退《てったい》をはじめたものと思われる。

信長勢が突入したとき、義元は、味方の喧嘩《けんか》ぐらいに思っていたようである。『三河国郡志《みかわこくぐんし》』には、信長の武将が、義元本陣にもぐりこみ、そこでいつわって喧嘩をはじめ、喧嘩がはじまったかのようにみせかけたとしているが、少しうがちすぎた解釈といえよう。ここは、『武徳編年集成《ぶとくへんねんしゅうせい》』も記すように、「失火カ喧嘩カ叛逆《はんぎゃく》裏切カ」といったところではなかったかと思われる。

はじめのうち、奇襲だとは思わなかった義元は「しずまれしずまれ」と制止しているが、やがて信長の奇襲であることに気づき、さきに述べたように、三〇〇の旗本に守られながら撤退ということになったわけである。

攻撃をしかけた側とすれば、早く相手の大将義元をみつけようとする。当然、塗輿のそばで、三〇〇人の旗本に守られている武将こそが義元であると見当をつけ、三〇〇人の集団に対し、攻撃をすることになり、はげしいぶつかりあいが二度・三度、さらに四度・五度と続き、ついには五〇騎ほどに減ってしまった。

このころには、信長自身も馬からおり、若武者たちと一緒になってみずからも槍をふるって敵をつき、はげしい戦闘を演じている。「乱れかゝってしのぎをけづり、鍔《つば》をわり、火花をちらし火焔をふらす……」と『信長公記』にあるので、その戦いぶりがいかにすさまじいものであったのかの想像はつく。乱戦のさなか、信長の馬廻《うままわり》・小《こ》姓《しょう》たちも今川方の武将によって討たれている。

そして、ついに、服部小平太《はっとりこへいた》がまっさきに義元に槍をつけ、義元も必死になって抵抗し、刀を抜いて服部小平太に切りつけ、小平太は膝《ひざ》の口をきられ、そこに倒れた。それをみた毛利新介《もうりしんすけ》が義元に突きかかり、ついに義元の首をとっている。

『続明良洪範《ぞくめいりょうこうはん》』によるとややちがった展開となっている。義元は家臣たちの勧《すす》めによって大高《おおだか》城に逃げこむことを考え、馬に乗って島田左京《しまださきょう》・沢田長門守《さわだながとのかみ》といった武将十二、三人とともに走り出したが、信長方の追撃《ついげき》にあい、供侍《ともざむらい》がつぎつぎに討たれ、結局一人になってしまったところへ服部小平太が槍をつけ、毛利新介に首を取られたという。

全体の流れとしては『信長公記』に記されている通りであったと思われるが、『続明良洪範』の記事もまったく無視できない内容を含んでいる。特に、「義元がひとまず大高城に逃げこもうとした」という点は、義元死歿地を考える上で重要な情報というべきであろう。

一八二ページでも述べたように、桶狭間古戦場、すなわち義元死殁地については、豊明市栄町南館の「桶狭間古戦場」と、名古屋市緑区有松町大字桶狭間字ヒロツボの「田楽坪《でんがくつぼ》古戦場」の二か所が有力視されているが、ここでその問題を考えることにしよう。

戦いがはじまったのは、桶狭間山の上であるが、最初から最後まで戦いが桶狭間山の山上だけでくりひろげられたわけではない。はじめのうちは山の上で戦われたが、義元がずっとそこにふみとどまっていたわけではないのである。『信長公記』も記しているように、「初めは三百騎ばかり真丸になって、義元を囲み退」いている。つまり、戦いの場所は時間の推移とともに変化したことが明らかである。

その場合、義元が沓掛《くつかけ》城に退こうとして撤退《てったい》していたとすれば、死殁地は豊明市栄町南館の「桶狭間古戦場」として考えることも可能である。しかし、義元が、沓掛城ではなく、大高城に逃げこもうと思っていたとすれば、「桶狭間古戦場」の方はおかしなことになる。

そこで注目されるのが、『続明良洪範』の記事である。同書によれば、義元は大高城に逃げこもうとして馬に乗ったことになる。近侍《きんじ》の武将とともに馬で大高城までつっ走ろうとしたのであろうが、信長側の攻撃が執拗《しつよう》で、ついに服部小平太に槍をつけられ、毛利新介に首を取られたものと思われる。そうなると、桶狭間山よりは少し大高城に近いところが死歿地ということになり、名古屋市緑区有松町大字桶狭間字ヒロツボの「田楽坪古戦場」の方が可能性としては高いということになる。

『信長公記』も、最後の戦いは、桶狭間山の山上ではなく〝深田〟のあるところだとしている。すなわち、

……おけはざまと云ふ所は、はざまくてみ、深田足入れ、高みひきみ茂り、節所と云ふ事限りなし。深田へ迯《にげ》入る者は所をさらずはいづりまはるを、若者ども追付き〳〵二つ、三つ宛手々《てんで》に頸《くび》をとり持ち、御前へ参り候。

とあり、深田に足をとられ、身動きができないところを信長方が義元方の兵たちの首を取っていった状況がわかる。「田楽坪古戦場」の方がより低湿地で、〝深田〟のイメージに近い。

私は、義元が大高城に逃げようとしていたという点と、立地からみて、義元死歿地は「田楽坪古戦場」の方ではないかと考えている。

もっとも、研究者によっては、田楽坪（田楽狭間《はざま》ともいう）という地名はそのころなかったはずだと主張し、「田楽坪古戦場」の方を否定する考え方をする人もいるが、

たとえば戦いがあってから二十七年後の天正《てんしょう》十五年（一五八七）十月に行われた雪斎《せっさい》の三十三回忌における東谷宗杲《とうごくそうこう》の「護国禅師三十三回忌拈香《ねんこう》拙語并序」では、「五月十九日、礼部ニテ尾之田楽窪ニ一戦シテ而自吻ス矣」とみえ、礼部すなわち治部太輔《じぶだゆう》義元が、田楽窪で歿したことを述べている。つまり、田楽坪とか、田楽狭間、田楽窪といった地名が江戸時代になって生まれた地名ではなく、すでに戦国時代から存在していたことが明らかである。

これらを総合的に判断し、また、地元桶狭間で、「田楽坪古戦場」を義元戦死の地として代々維持・管理されてきたことをあわせ考えると、義元最期《さいご》の地は「田楽坪古戦場」の方に軍配があがるのではないかと考えている。

現在、豊明市栄町南館の「桶狭間古戦場」の方に「史蹟桶狭間古戦場」の碑がたち、史蹟として指定されているが、指定認定にあったた係官は、「墓所のある場所（小和田注、明和《めいわ》八年〈一七七一〉建立の義元墓碑、すなわち、豊明市栄町南館の場所をさす）は、当時の戦況と地理の実際よりみて確認し難《がた》い。真の史蹟は桶狭間田楽坪付近であろうと思うが、何分にも沓掛《くつかけ》より大高《おおだか》に至る広い間であり、一面天下に阿諛《あゆ》して敗軍の墓標を遠慮した傾向にあり、かたがたもってその確証がつかみ難い」と語っていたという（梶野稔「二つの桶狭間」『歴史研究』三二四号）。

史蹟指定にあたって、候補地がいくつかあった場合、運動に積極的だった地、あるいは政治家の力などによって決められることはよくあることで、桶狭間古戦場もその一つのケースではないかと思われる。

とはいっても、豊明市栄町南館の「桶狭間古戦場」の方がまったく無関係だったというわけではない。信長軍二〇〇〇と義元軍五〇〇〇は、かなり広範囲で戦いあったことは確実であり、標高六四・七メートルの桶狭間山とその山麓一帯はすべて戦場になったわけで、「史蹟桶狭間古戦場」の碑がたつ一帯も、桶狭間古戦場であったことはまちがいない。

義元最期の地を、私は「田楽坪古戦場」の方だと考えているだけである。

五月十九日午後四時ごろ　信長勝鬨をあげる

義元《よしもと》が討ち取られたのは午後二時ごろのことと思われるが、戦いはそれで終わったわけではなかった。『信長公記《しんちょうこうき》』は義元討死《うちじに》のあと前述の〝深田《ふかだ》〟での戦いを記すだけで、「頸《くび》は何《いず》れも清須《きよす》にて御実検《ごじっけん》と仰出だされ、よしもとの頸を御覧《ごらん》じ、御満足斜めならず。もと御出で候道を御帰陣《ごきじん》候なり」と、そのまま清須城に凱旋《がいせん》したようにみているが、実際はそのあとも壮絶《そうぜつ》な戦いが続いていたのである。

たとえば『桶狭間合戦記《おけはざまかっせんき》』では、

……大将義元討死と呼ハるを聞て、尾軍ハます〳〵競ひ勇み、駿河《するが》勢ハ大に敗北し、討るゝ者数を知らす。旗本の先将松井兵部少輔ハ本陣へ敵打入たると聞き、大に驚き、早速《さっそく》軍勢を引率、旗本へ馳来れハ、義元はや討死なり。松井兵部則《すなわ》ち尾軍に打てかゝり、烈敷《はげしく》戦ひ、松井一族郎従弐百餘人ともに一足も引す戦ひ討死す。伊井《(井伊)》肥後守・笠原も一所に討れぬ。

とみえるように、義元が首を取られたあとも今川軍は信長方と戦っている。よく、「義元が討死したのを聞いて蜘蛛《くも》の子を散らしたように今川軍は逃げ帰ってしまった」というが、どうも、実際はそうではなかったようである。桶狭間にふみとどまって一矢《いっし》を報《むく》いようと奮戦している。

『桶狭間合戦記』では、桶狭間にふみとどまって信長軍と戦った武将の名として松井兵部少輔・井伊肥後守・笠原某の三人しかあげていない。ふみとどまって戦ったのはこの三人だけだったのだろうか。

『武徳編年集成《ぶとくへんねんしゅうせい》』によると、このとき桶狭間にふみとどまって信長勢と戦って〝忠死〟した武将名がリスト・アップされている。列挙しておこう。

山田新右衛門　蒲原宮内少輔氏政
久能半内氏忠　浅井小四郎政敏
三浦左馬助義就　庵原美作守元政
吉田武蔵守氏好　葛山播磨守長嘉
葛山安房守元清　江尻民部親良
伊豆権平元利　岡部甲斐守長定
藤枝伊賀守氏秋　朝比奈主計助秀詮

斎藤掃部助利澄　庵原右近忠春
庵原将監忠縁　庵原彦次郎忠良
牟礼主水泰慶　富塚修理亮元繁
井伊信濃守直盛　四宮右衛門佐光匡
温井内蔵助実雅　由比美作守正信
石川新左衛門康盛　関口越中守親将
島田左京進将近　飯尾豊前守顕茲
沢田長門守忠頼　岡崎十兵衛忠実
二和田雲平光範　金井主馬助忠宗
平山千之丞為行　長瀬吉兵衛長行
平川左兵衛秋弘　福平主税忠重
松井五郎八宗信　富永伯耆

岡崎家

松平摂津守維信　松平兵部親将
長沢松平上野介政忠　弟五郎兵衛忠良
瀧脇松平喜平次宗次　加藤甚五兵衛景秀

西郷内蔵助俊雄

『武徳編年集成』ではこれら四五人の武将をはじめ「驍士《ぎょうし》五百八十三人、雑兵《ぞうひょう》二千五百」が討死をしたとしている。ただ、この四五人の武将名がすべて事実であったとはかぎらない。名乗りについては不正確なケースがかなりみられるのである。

引馬《ひくま》城主飯尾乗連《いのおのりつら》が顕茲《あきしげ》となっていたり（しかも乗連は討死していない）、関口氏経《せきぐちうじつね》を親将《ちかまさ》とするなど、そのままに信用してしまうのは危険である。ただ、このようにかなりの数の名のある武将がふみとどまって、桶狭間で〝忠死〟したことは事実であったろう。『松平記《まつだいらき》』では、これらの武将を義元の近習《きんじゅう》だったとしているが、井伊《いい》信濃守直盛《しなののかみなおもり》や飯尾豊前守乗連のように支城主クラスの名もみえるので、単なる近習衆ではなく、今川方の名のある武将というふうに考えておいた方がよいであろう。

では、桶狭間の戦いは何時ごろまで続いたのだろうか。もっとも信憑性《しんぴょうせい》の高い『信長公記《しんちょうこうき》』には時間のことは記されていない。ただ、『總見記《そうけんき》』には、申刻《さるのこく》、すなわち午後四時ごろに、信長は兵を集め、そこで勝鬨《かちどき》をあげ、清須《きよす》に向けて帰陣をしたとみえるので、時間としては午後四時ごろ戦いは終わったと理解しておきたい。

さきにみたように、信長が「すはかゝれ〳〵」と突撃《とつげき》命令を下したのが午後一時ごろと考えられるので、戦いは三時間におよんだことになる。戦っていた当人たちにとっては息のつまるような長い時間だったかもしれないが、戦いの時間としては短時間だったといってよい。

大勢が判明すると、今川方武将たちは沓掛城《くつかけ》をめざして敗走し、そこも危ないとみるや三河《みかわ》に退《しりぞ》いていった。「浮き足だつ」という表現があるがまさにこのときの今川軍の敗走は、文字通り浮き足だったものであった。

「二万五〇〇〇もの今川軍が、ただ大将義元一人が討ち取られただけで、こうも簡単に崩れてしまうものか」と疑問を抱く人も少なくないと思われる。ここでこの点について少し補足をしておきたい。

決定的なことは、宿老《しゆくろう》ともいうべき重臣筆頭の朝比奈泰朝《あさひなやすとも》および岡部元信《おかべもとのぶ》らが、桶狭間のその場所にいなかった点である。つまり、桶狭間においては、その段階では指揮系統が一本だけ、つまり、総大将である義元から出されるだけだったことである。そばに副将がいれば、総大将にかわって全軍を指揮することもできたが、このとき、副将格の朝比奈泰朝・岡部元信は大高城《おおだか》とか鳴海《なるみ》城におり、義元が討たれたからといって、すぐそれにかわって指揮ができる場にいなかったからである。

それともう一つは、すでに指摘した点でもあるが、今川氏の軍団編成が一枚岩ではなかったということである。今川領国は、極端ないい方をすれば、支城主クラス、すなわち有力国人《こくじん》領主たちの寄り集まった一種の〝連合国〟であり、それぞれの支城主に自主性があったのである。彼らの心の奥底には、「いまは義元の力が強いので仕方なしにその下になっているが、機会があれば……」という思いが常にあった。つまり、「何が何でも義元殿に忠節をつくすのだ」と思っている武将はほとんどいなかったと考えられる。

　そのような武将たちであるから、「義元殿討死！」の声を聞くや否《いな》や、さっさと兵をまとめ、三河《みかわ》・遠江《とおとうみ》、さらに駿河《するが》めざして兵をもどしてしまったわけである。江戸時代の儒教《じゅきょう》道徳に裏うちされた主従制とはもともとちがっていたのが大きな要因であった。軍勢の数でこそ二万五〇〇〇と圧倒的であるが、内実がそのような状態では、一丸《いちがん》となった信長の奇襲の前に倒されたのも、ある意味では無理もないことだったのである。何度も強調するが、信長の勝利は、決して奇蹟的だったわけではなく、僥倖《ぎょうこう》の勝利でもなかったのである。

『信長公記』では、「上総介《かずさのすけ》信長は、御馬の先に今川義元の頸《くび》をもたせられ、御急ぎなさるゝ程に、日の内に清洲《きよす》へ御出であり……」と、明るいうちに清須城に凱旋《がいせん》したとしているが、『桶狭間合戦記』では少しちがっている。同書の関係部分を引用しておこう。

……信長、熱田《あつた》にいたり玉《たま》へは、所の諸人出迎ひ蹲踞奉俯《そんきよほうふ》す。信長、義元の首を御馬の左脇に持せられ、鞍かさに立上り、高声に熱田の者とも今川治部大輔か首を見よとの玉ひけれハ、群集の輩《ともがら》、近く立寄りて見物す。其首髼鬆《ほうしよう》にして沈香《じんこう》の匂ひ馚馧たり。信長、馬より下り、身を清め、神殿に上て敬奉賽礼精誠《さいれいせいせい》を尽し、退て社家の輩に向ひ、今度大義の合戦たやすく打勝ち、剰《あまつさ》へ大将義元か首を得たる事偏《ひとえ》に大明神の御神力を加へられ、霊験《れいげん》を施し玉ふ故也。誠に恭悦《きようえつ》限りなしといふて、宮社残らす御修理し奉《たてまつ》るへき旨《むね》、大宮司家次神官等に仰聞られ、同日暮に及んで清須へ帰城せらる。

つまり、『桶狭間合戦記』によれば、信長は清須城に凱旋《がいせん》する途中、その日の朝、兵を集結させた熱田社に立ちよっていることになる。これが事実だったかどうか断定することはできないが、『信長公記』にみえないからといって否定してしまうのも問題があるような気がする。『信長公記』もときどき省略があるので、帰途、熱田社に〝お礼参り〟した可能性もあるのではなかろうか。

熱田社に〝お礼参り〟していれば、当然、清須城に凱旋したときには日は暮れていたろう。

こうして、信長にとって、生涯を通してみても、もっとも長い一日だったと思われる五月十九日は終ったのである。

〔信長軍の進軍経路断面図〕

丹下砦から義元本陣までの信長本隊の進軍経路を標高で断面図化した。下図は従来の迂回説。信長の奇襲は、山上からの攻撃ではなく、山裾からの一気の攻め上りであった。

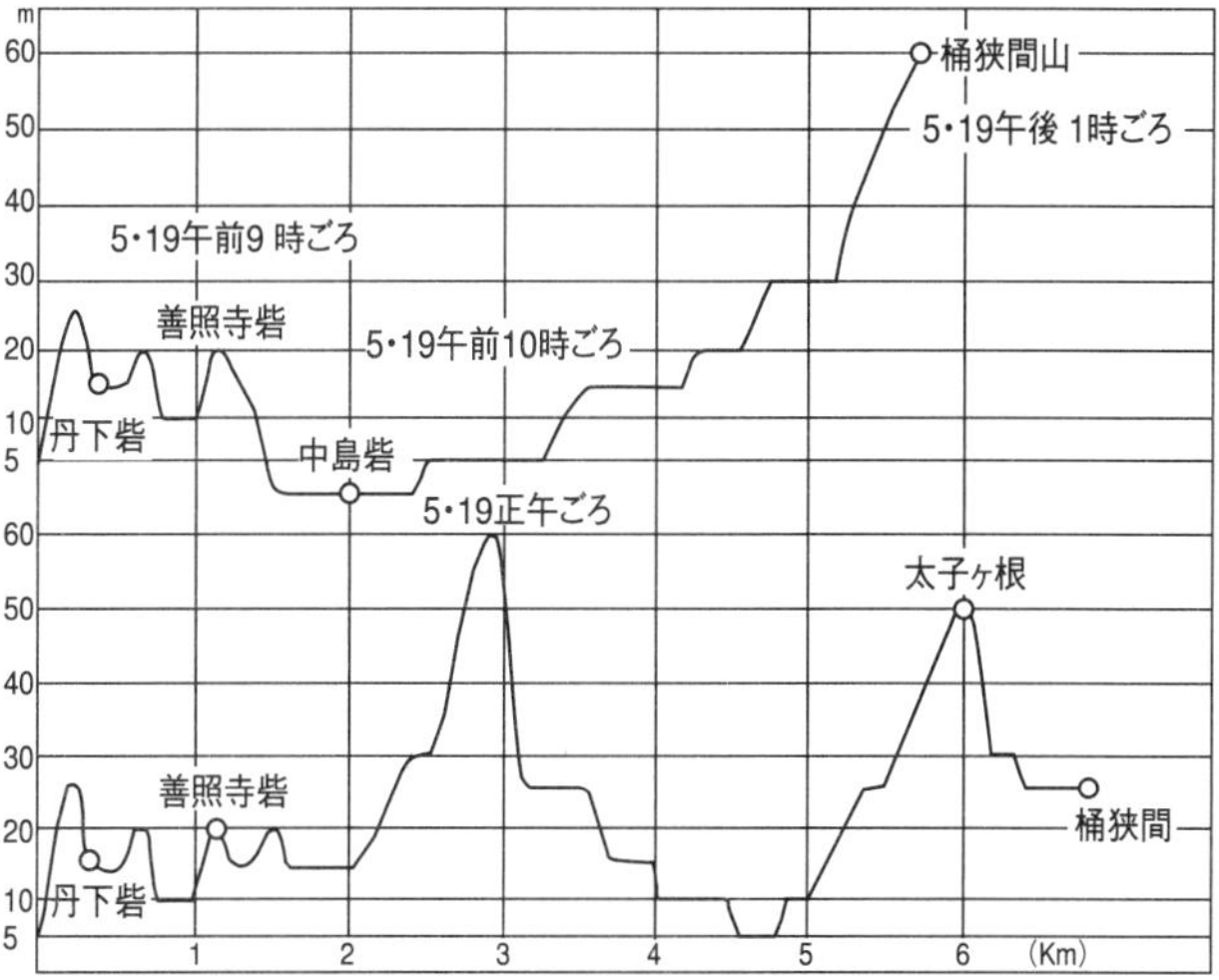

●コラム●討死のときの義元の佩刀

桶狭間《おけはざま》の戦いのときの義元《よしもと》のいでたちは、『続明良洪範《ぞくめいりょうこうはん》』に、「義元ハ胸白の鎧《よろい》に金にて八龍を打たる五枚かふとを被《かぶ》り、赤地の錦の陣羽織《じんばおり》を着し、今川重代《じゅうだい》の二尺八寸松倉郷《まつくらごう》の太刀に、壱尺八寸の大左文字《だいさもんじ》の脇指《わきざし》を帯し、青の馬の五寸計《ばかり》なる金ふくりんの鞍置《くらおき》、紅の鞦《しりがい》かけて乗られける……」とあり、佩刀《はいとう》として松倉郷の太刀と、大左文字の脇指があったことがわかる。それ以外の史料にも出てくるので、まずまちがいないであろう。

まず、松倉郷の太刀であるが、『続明良洪範』には「今川重代」の太刀と出てくる。しかし、他の今川関係史料には出てこないのでよくわからないというのが実情である。鈴木覚馬氏は「古老談」として「松倉郷太刀は、松倉卿の太刀なりといふは如何《いかん》、諸書に、義元死する時、山蛇の名劔を帯すとし、又松倉郷の刀を佩《は》くとし、何を是《ぜ》とすべきか明かならず、或云《あるいはいう》、若《も》し作は松倉江義弘《ごうよしひろ》の作にして、銘を山蛇と号すとせば、古書の文相応す。江と郷と相混ずるかと、又或云、山蛇太刀は、又の名を両龍ともいふ。目貫《めぬき》に両龍を附けたればなりと」（『嶽南史《がくなんし》』第二巻）という説を述べているが、詳細についてはよくわからない。

もう一つの大左文字についてはかなりのことが明らかである。この脇指は別名を宗三《そうざん》左文字といって、現在、京都の建勲《たけいさお》神社の所蔵となっている。義元秘蔵の刀だったことから「名物義元左文字」ともいわれている。

名前の通り茎《なかご》に「左」の一文字がきざまれており、筑前《ちくぜん》の左文字派の刀工になるもので、正宗《まさむね》十哲《てつ》の一つに数えられている。

さきの『続明良洪範』には一尺八寸とあるが、もともとは二尺六寸の太刀だったものを短くしたものともいわれている。

伝来過程を調べてみると、三好政長《みよしまさなが》（号宗三《そうざん》）が所持していたものが武田信虎《のぶとら》の手にわたり、信虎の娘が今川義元に嫁《とつ》いだとき、この左文字も義元に与えられた。いわゆる「聟《むこ》引出物《ひきでもの》」だったわけである。なお、三好宗三所持の刀というわけで、「宗三左文字」とよばれることもある。一つの刀にも、いく通りものよび方があったことがわかる。

さて、義元はこの左文字を愛用し、尾張《おわり》へ侵攻したときも所持していたわけであるが、桶狭間で首を取られるとともに、この左文字も信長《のぶなが》の手にわたった。信長はよほどうれしかったのであろう。また、桶狭間で義元を討った記念の意味もあったと思われるが、茎の表に、

永禄三年五月十五日義元討捕刻彼所持刀と

金象眼《ぞうがん》で銘《めい》をほどこし、裏に、

織田尾張守信長

とやはり金象眼で銘をほどこしている。

一説によれば、左文字の刀は天正《てんしょう》十年（一五八二）の本能寺《ほんのうじ》の変で焼けてしまったが、焼け跡からさがし出し、秀吉《ひでよし》がそれを焼き直させたともいう。信長から秀吉の手にわたったことが明らかであり、秀吉から秀頼《ひでより》に相伝《そうでん》され、慶長《けいちょう》六年（一六〇一）、秀頼から徳川家康《いえやす》に贈られ、以後、徳川将軍家に伝わったのである。

三好宗三→武田信虎→今川義元→織田信長→豊臣秀吉→豊臣秀頼→徳川家康というように権力者の手から手へ伝えられた刀というのも珍しいのではなかろうか。

第六章　その後の織田・徳川・今川氏

五月二十日　清須で首実検

一夜明けて五月二十日、清須《きよす》で今川軍将士《しょうし》の首実検《くびじっけん》が行われた。清須に集められた首は『信長公記《しんちょうこうき》』によると三〇〇〇余、『武徳編年集成《ぶとくへんねんしゅうせい》』によると「驍士《ぎょうし》五百八十三人、雑兵《ぞうひょう》二千五百」、『落穂集《おちぼしゅう》』『武徳大盛記《ぶとくたいせいき》』などでは二五〇〇、『改正三河後風土記《みかわごふどき》』では三九〇七というように、史料によって数はまちまちであるが、『武徳編年集成』のいうように、武士が五八三、雑兵二五〇〇で、合わせて三〇〇〇余というのが実際のところであったと思われる。つまり『信長公記』に「頸《くび》数三千余あり」とするのは、雑兵の首も含めてのことであった。

ふつう、雑兵の首実検は行われないので、この日、すなわち五月二十日、清須で信《のぶ》長《なが》が行った首実検というのは、三〇〇〇余の首のうち、五〇〇人ほどの武士についてであった。首実検は、それが誰であるのかを確認し、その首を誰が取ったかを調べ、論功行賞《ろんこうこうしょう》の材料にするためのものである。したがって、その首が誰なのかを確認しなければならない。

『信長公記』によると、そこにちょうどおあつらえむきの人物が登場する。『信長公記』では個人名をあげていないが、後述するように、それは、義元の同朋衆《どうぼうしゅう》の一人権《ごん》阿弥《あみ》だったと思われる。『信長公記』にはそのときのいきさつがつぎのようにみえるのである。

……翌日（五月二十日）、頸御実検候なり。頸数三千余あり。然《しか》る処《ところ》、義元のさゝれたる鞭《むち》・ゆがけ持ちたる同朋、下方九郎左衛門と申す者、生捕《いけどり》に仕《つかまつ》り進上候。近《ちか》比《ごろ》名誉　仕候由《つかまつりそうろうよし》候て、御褒美《ごほうび》、御機嫌《ごきげん》斜めならず。
義元前後の始末申上げ、頸ども一々誰々と見知り申す名字を書付けさせられ、彼同朋にはのし付の太刀・わきざし下され、其上十人の僧衆を御仕立候て、義元の頸同朋に相添へ、駿河《するが》へ送り遣《つか》はされ候なり。

つまり、信長方の下方九郎左衛門という侍が、義元愛用の鞭と韘《ゆがけ》（弓を射るときの革手袋）をもっている義元の同朋をみつけ、それを殺さず生け捕りにして清須に連行してきていたのである。

信長が、「近頃になく名誉なことである」といって下方九郎左衛門を誉《ほ》めたのは、「これで首実検がうまくいく」と思ったからにほかならない。

信長方では、義元の顔を知っている者はいても、部将たちの顔と名前が一致する者はそんなにいないはずである。今川重臣の顔と名前をよく知っている者がいれば、それを首実検にたちあわせて、首が誰であるか、すなわち、首帳《くびちょう》がスムーズに作成されるわけである。同朋権阿弥は、まさに、その恰好《かっこう》の人物であった。

権阿弥は、「これは誰」「この首は誰」といって重臣たちの名前をいい、信長家臣がそれを書きとめ、首帳にしたてあげている。同朋の名前を権阿弥としたのは『改正三河後風土記』によってである。同書には、

今川の同朋権阿弥を下方九郎右(左)衛門春親生捕て、信長の前へ引来る。信長大に悦《よろこ》ばれ、今日討取首共を彼に見せらる。権阿弥懐中《かいちゅう》より帳面取出し、その姓名を首に引合せて、銘々に書付て出しければ、信長大に感ぜられ、一命を助けて駿府《すんぷ》へ送り返されたり。

と記され、さらに注で「伊丹《いたみ》系譜に虎康、今川同朋にて権阿弥と称す。義元討死の時、下方九郎右(左)衛門を以て信長に見へ、今川方にて討死せし諸士姓名詳《つまびらか》に答ふ。信長褒《ほう》美《び》に刀を下されて駿府に帰さる。氏真《うじざね》の代に束髪《そくはつ》して権太夫と改め、後に大隅守《おおすみのかみ》と称し、天文(ママ)十年七月より御家人《ごけにん》に加えらる。原書並伊東物語林阿弥に作るは誤りなり」と述べている。この注によれば、権阿弥はのちの伊丹《いたみ》大隅守ということになる。

なお、『改正三河後風土記』には出てこないが、『信長公記』ではさきに引用したように、この同朋が義元の首をもらいうけて駿府にもどったということになっている。しかし、これには後述するように異説もあって、どうもはっきりしないのである。

その異説を紹介する前に、首実検の一連の動きをあらかじめみておくことにしよう。『信長公記』には続けて、「清洲《きよす》より廿町南須賀口、熱田《あつた》へまいり候海道《かいどう》に、義元塚とて築かせられ、弔《とむらい》のためにとて千部経をよませ、大卒都婆《そとば》を立置き候らひし」とあり、清須城から二〇町(二一八〇メートル)ほど南の須ヶ口(愛知県西春日井郡新川町)に塚を築き、千部経を読ませたという。

宗教ぎらい、特に仏教ぎらいの信長が、「よくもこのような手厚いことをしたものだ」と意外に思われるかもしれないが、敵の将兵の遺骸《いがい》を葬《ほうむ》ることは、宗教のいかんをとわず行われるのが当時の風習で、ある面では、そこまで行うことが首実検のセレモニーでもあったのである。祟《たた》りをおそれるといった意識があったことももちろんだし、そうすることが戦った相手に対する礼儀であるとする観念もあったのであろう。

その他の首は、曹源寺の快翁《かいおう》和尚が集めて供養をしている。

さて、そこでいよいよ異説の検討に入るが、『信長公記』では前述したように、信長は同朋《どうぼう》に義元の首を与え、駿府に帰したとしている。異説では、鳴海《なるみ》城を守っていた岡部五郎兵衛元信《おかべごろうびようえもとのぶ》が、義元の首を要求して籠城《ろうじよう》したことになっている。この方が広く人口に膾炙《かいしや》しているといってもよい。

この異説の出典はいろいろあるが、たとえば、『武徳編年集成』ではつぎのように記述されている。

尾州愛智・春日井・知多三郡ノ内ノ諸城ヲ守ル今川方皆逃亡スト雖《いえども》、鳴海ノ一城ハ岡部五郎兵衛真幸堅ク守リ、当廿日以来信長勢ヲ引受ケ防拒セシム、今川ノ元老書ヲ贈リ城ヲ避渡スベキ由ヲ諭《さと》スト雖、肯《うべな》ハズ、信長大ニ感ジ、和ヲ整ヘ、且《かつ》岡部ガ望ニ応ジ、僧十人ニ義元ノ首ヲ持セ、浮屠《ふと》権阿弥ヲ添テ鳴海ニ遣《つか》ハシ、遂《つい》ニ彼城ヲ得ラル、岡部ハ義元ノ首ヲ請《こ》ヒ得テ、鳴海ヨリ本国ニ赴《おもむか》ントシ参州ニ入ケルガ……

ここで岡郎五郎兵衛真幸とみえるのは元信のことである。つまり、義元敗死後、五月十九日のうちに今川軍はわれがちに三河《みかわ》・遠江《とおとうみ》めざして敗走していってしまったのに、岡部元信だけが鳴海《なるみ》城にふみとどまり、「義元殿の首を返してもらうまでは籠城を続ける」といって、義元の首の返還を要求していたことがうかがわれる。

これは事実だったろうと私は考えている。この件については、『信長公記』よりも『武徳編年集成』の方が、より近い事実を伝えているのではなかろうか。というのは、前にも述べたが、『信長公記』は省略がなされていると考えられるからである。

『信長公記』は結果を記し、途中の経過については省略してしまった可能性がある。同朋《どうぼう》権阿弥に首実検の手伝いをさせ、その功を賞じて信長は権阿弥の一命を助け、のし付の太刀・脇指《わきざし》を与えたが、その時点では、信長はまだ義元の首を駿府に返すつもりはなかったものと思われる。『信長公記』は途中の経過を省略し、権阿弥に太刀・脇指などを与えたあと、すぐに義元の首も権阿弥に授けたことになっているが、私は、権阿弥に太刀・脇指などを与えて駿府に帰そうとしたところ、岡部元信からの要求が信長に伝えられ、無駄な血は流したくないと判断した信長が、岡部元信の要求をうけいれる形で義元の首を権阿弥に授け、十人の僧をつけて送り返すことになったものと思う。

　何らいいところなく敗北した今川軍にあっては、この岡部元信の働きは唯一の〝美談〟として語り伝えられるだけの要素をもっていた。今川方だけでなく、松平家中などでもこの〝美談〟が語り伝えられたことは、その後、元康《もとやす》の家臣大久保彦左衛門《おおくぼひこざえもん》が「武士の鑑《かがみ》」として手ばなしで絶賛していることによってもうかがうことができる。大久保忠教《ただたか》は『三河物語《みかわものがたり》』の中で、

　岡部之五郎兵衛ハ、義元打死被レ成、其故（上）、扉（沓）懸之入番衆モ落行共、成見（鳴海）之城ヲ持傾（固）テ、其故（上）、信長ヲ引請て、一責責ラレて、其上にて降参シテ城ヲ渡シ、アマツ

サエ信長え申、義元之首級《しゆきゆう》ヲ申請て、駿河え御供申て下ケリ。御死界《(骸)》ヲ取置申て、御首級計《ばかり》御供申て下事、類スク無共、申尽シガタシ。此五郎兵衛ヲ昔之事のゴトクニ作ナラバ、武辺ト云、侍之義理ト云、普《(譜)》代之主の奉公ト云、異国ハ知ラズ、本朝ニハ有難シ。尾張之国より東にヲイテ、岡部之五郎兵衛ヲ知ラザル者ハ無。

と述べているのである。ふみとどまって主君の首を要求した岡部元信を、譜代《ふだい》家臣の理想像として描いている。

なお、『武徳編年集成』によると、主君義元の首をうけとった岡部元信は、鳴海城を出て駿河に引き上げを開始したが、三河に入ったところで急に刈谷《かりや》城を攻めはじめた。そのときの元信の言葉は、「今既《すで》ニ敵大ニ誇テ干戈《かんか》ヲ収ムルが如クナラン、其虚《きよ》ニ乗ジ、敵ノ一城ヲ屠《ほふ》り帰国ノ眉目《びもく》ニ備ン」というものであった。一七五ページで述べたように、このときの今川軍は、三河の刈谷城・緒川《おがわ》城など、織田方の城をそのままにして尾張に侵攻していたからである。

岡部元信は水野信元《のぶもと》の弟藤九郎信近の刈谷城を攻めているが、水野側では織田軍大勝利の報でわきかえっており、まさか今川の残党ともいうべき軍勢が攻めかかってこようとは予想もしていなかったため、信近は討死、岡部勢は悠々《ゆうゆう》と駿府に引き上げていった。「行きかげの駄賃《だちん》」ならぬ「帰りがけの駄賃」で殺された水野信近は、まったく損な役まわりをつとめさせられたということになる。

この岡部元信の働きが事実だったことは、その直後、今川氏真《うじざね》から元信に与えられた感状《かんじょう》によって明らかである。感状の原本は残念ながら伝わらないが、写しが国立公文書館内閣文庫所蔵の「土佐国蠹《と》簡集《かんしゅう》残篇」「古文書集」および東京大学史料編纂所所蔵の「三川古文書」にある。ここでは、「三川古文書」のものを読み下しにして引用しておこう。

駿遠両国之内知行《ちぎょう》勝間田　并《ならびに》桐山内田北矢部之内、被官堪忍分等事、右、今度尾州において一戦の砌《みぎり》、大高・沓掛両城相拘えると雖《いえども》、鳴海城堅固に持ち詰め候。はなはだもって粉骨の至り也。しかりと雖も、通用無きによって、下知《げち》を得、城中人数相違《そうい》無く引き取るの条、忠切(節)比類無し。あまつさえ、苅谷城籌策《ちゅうさく》をもって城主水野藤九郎其の外随分、他に異ならざる也。彼の本知《ほんち》行《ぎょう》子細《しさい》あり数年没収せしむと雖も、褒美《ほうび》として還附《かんぷ》せしむる所相違すべからず。しからば前々のごとく、所務せしむべし。この旨《むね》を守り、いよいよ奉公を抽《ぬき》んずべきの状くだんのごとし。

永禄三庚申年六月八日　　氏真判

岡部五郎兵衛殿

この文書には、岡部元信が信長に義元の首を要求したということは出てこないが、鳴海城を堅固《けんご》に守ったことと、刈谷城を攻めた忠節を賞し、本知行を安堵《あんど》していることがわかる。

ちなみに、敗戦国である今川方では、こうした感状がみられるのに対し、どうしたわけか戦勝国織田方には感状がみられない。もっとも、まったくみられないといってしまうと語弊《ごへい》があり、正確には、信長からの感状が桶狭間の戦いに関しては一通も出されていないとすべきであろう。織田方と広くとれば、信長家臣佐久間信盛《さくまのぶもり》が福井勘右衛門尉という武士に永禄《えいろく》三年六月十日付で感状を出しているからである。

再び義元の首に話をもどそう。岡部元信が義元の首をうけとり、十人の僧侶と同朋権阿弥に守られ、岡部の軍勢と一緒に駿府にもどることになったが、五月下旬は今の暦で六月下旬、暑いさかりである。義元の遺骸《いがい》にどのような処理がなされたからわからないが、塩漬けにしても酢漬けにしても、遺骸全体を運ぶことは相当な困難をともなったものと思われる。

胴体の方は駿府まで持っていくことをあきらめ、首だけを持っていくことにしたのであろう。現在、愛知県豊川市牛久保町の大聖寺という寺の境内に「義元の胴塚」といわれる墓域があり、大聖寺では、そこに義元の胴体を埋葬《まいそう》したと伝えている。発掘調査してみないことには何ともいえないが、その可能性はあるのではないかと考えている。

なお、義元の菩提《ぼだい》をとむらった廟《びょう》は「今川廟」とよばれ、現在、静岡市大岩の臨済《りんさい》寺《じ》境内にある。義元の菩提寺として天沢寺《てんたくじ》という寺が建立され、本来はそこに葬られたわけであるが、天沢寺そのものが明治になって廃寺となってしまったため、「今川廟」が臨済寺に祀《まつ》られているのである。

五月十九日〜二十日の松平元康

五月十九日の桶狭間《おけはざま》の戦い当日、松平元康《もとやす》は夜明け前から丸根《まるね》砦攻撃にかかり、ようやく午前十時ごろにそれを落とすことができ、いったん大高《おおだか》城にもどって、義元《よしもと》からのつぎの指示を待っていた。この日は、義元本隊が大高城に入る予定だったので、その準備に奔走《ほんそう》していたのである。

大高城の元康のもとに「義元が桶狭間で討たれた」という第一報がいつごろ入ったのかよくわからない。諸書には「十九日夜に入て……」とあるが、この日の義元の計画では夕方には大高城に入っていたはずなので、午後五時ごろになっても今川軍本隊の動きがまったくみえないということで、元康は義元の様子をさぐらせたものと思われるが、元康から斥候《せっこう》が派遣《はけん》される前に、第一報は入っていたのではなかろうか。

桶狭間には元康の家臣も一部加わっていたので、彼らが知らせた可能性はある。しかし、一般的には、このとき、義元の死をかなりたしかな情報として元康に伝えたのは水野信元《のぶもと》だったとしている。

『武徳編年集成《ぶとくへんねんしゅうせい》』『落穂集《おちぼしゅう》』『岩淵夜話別集《いわぶちやわべっしゅう》』など、松平関係史料はいずれもその考え方をとっている。たとえば、『武徳編年集成』は、

大高ノ城ヘモ漸《ようや》ク薄暮ニ義元戦死ノ由《よし》聞ユル所、駿州勢《すんしゅうぜい》ノタマタマ当城ニ在ル者皆遁《のが》レ去《さり》、鷲津、沓掛ノ守兵モ咸《みな》逃亡スル由告アリ、神君《しんくん》部下ノ将士モ我独リ孤城ヲ戍《まも》ンヤ、早ク軍ヲ全クシ帰国シ玉フベキ旨《むね》ヲ諫《いさむ》ル所ニ、神君陣中ニハ訛言《かげん》多シ、是《これ》ヲ信シテ万一虚説タルニ於テハ、世ノ誹謗《ひぼう》ヲ受ベシ、暫《しば》ラク待テ真偽ヲ糺《ただ》シ可ナルベシトテ、敢《あえ》テ情ヲ動シ玉ハズ。然《しか》ル所ニ参州碧海《へきかい》郡刈屋ノ城主水野下野守信元ヨリ、浅井六之助道忠ヲ以テ義元ノ戦死ヲ告、且《かつ》明日信長来リ攻ベシ、夜中城ヲ避テ帰国セラルベキ旨ヲ達ス。神君曰《いわく》、野州ハ叔《(伯)》父ト雖《いえども》織田方也、必シモ信ズベカラズトテ、先《まず》道忠ヲ虜ニシ、其実ヲ得テ去ベキ旨ヲ宣《のたま》フ所、嚮《さき》ニ戦場へ遣ハス所ノ使節帰テ、今川ノ陣営寂寥《せきりょう》トシテ伏タル屍《しかばね》皆東ニ向フ、義元ノ敗亡疑ベカラザル由ヲ達ス。諸臣速《すみや》カニ退キ給フベキ旨諫《いさめ》ケレバ、神君ハ闇夜ニ退キ去バ敗兵ニ混雑シテ街ニ迷フベシ、月出ルヲ待ント泰然《たいぜん》トシテ、六之助ヲ召テ汝嚮導《きょうどう》スベシ、厚ク賞有ン由ヲ宣《のたま》フ。

と述べ、「義元桶狭間で討死！」といった情報は大高城にもすでにとびこんできてい

たが、元康はそれを「虚報《きよほう》」あるいは信長方の謀略《ぼうりやく》として頭から信じようとはしなかった。たしかに、実際の合戦場面ではこうした謀略的情報がとびかっており、元康は慎重《しんちょう》にことの実否をたしかめようとしていた。

おそらく、水野信元からの知らせで、「もしかしたら事実かもしれない」と思いはじめたであろう。しかし、伯父・甥《おい》の間柄にあるとはいえ、信元は、元康にとっては敵方であり、一〇〇パーセント信用するわけにはいかなかった。そこで、元康は使いを桶狭間に遣《つか》わし、確かめさせようとした。『武徳編年集成』には斥候《せっこう》として遣わされた者の人名は記されていないが、『桶狭間合戦記』では、平岩権太夫・平岩弥之助・本多久左衛門の三人としている。

この三人が、桶狭間山の北の松原、義元の本陣があったと思われるところにいってみると、そこには一人もおらず、遺骸《いがい》がたくさんころがっており、いずれも首は取られ、東に向かって倒れていたという。三人は大いそぎで元康にその旨《むね》を報告。元康もここに至って、義元の戦死が事実であったと認めたのである。認めざるをえなかったという方があたっているのかもしれない。

そしていよいよ大高城から撤退《てったい》という段どりになるわけであるが、ここでも元康の深謀遠慮《しんぼうえんりよ》ぶりが発揮される。元康は、さきに引用した『武徳編年集成』にもみえるように、水野信元から使者として遣わされてきた浅井六之助道忠を生け捕りにしている。ふつうならば「お役目ご苦労」といってそのまま帰してしまうところであるが、元康は、その浅井六之助に嚮導《きようどう》を命じているのである。

嚮導をただの道案内と理解してしまうと、事態の本質はつかめないことになる。このときの浅井六之助の役目は単なる道案内ではなかったのである。

義元が討たれた時点で、尾張《おわり》は織田領にもどった。尾張だけでなく、三河《みかわ》の刈谷《かりや》城、緒川《おがわ》城のあたりまで、元康にしてみれば敵領になってしまったことになる。敵中突破ほどむずかしい軍事行動はない。そこで、生け捕りにした浅井六之助が役に立つわけである。

落武者狩り、すなわち、残党狩りが跋扈《ばつこ》していたとみられるが、当然のことながら織田軍には手出しをしない。つまり、先頭を行く浅井六之助に、「われらは水野信元殿の家人浅井六之助」といわせることによって、残党狩りからの襲撃《しゆうげき》をまぬがれることができたものと思われる。

こうして元康一行は、十九日夜遅く、実際には日付けが変わって、翌二十日の午前零時をまわっていたと思われるが、三河の池鯉鮒《ちりゆう》に到着している。

しかし、池鯉鮒にもどっても、そこが安全というわけにはいかなかった。信長が勢いに乗って三河に攻めこんでくるかもしれなかったからである。元康は、池鯉鮒からさらに岡崎城に進もうと考えた。

翌二十日、池鯉鮒を出発したところ、案の定《じょう》、元康一行の行く手をさえぎるものがあらわれた。

『家忠日記《いえただにっき》増補《ぞうほ》』に、

……池鯉鮒ノ駅ヲ過キ給フノ時ニ、一揆《いっき》蜂起《ほうき》シテ道ヲ遮《さえぎ》ル。又、水野信元カ兵、此駅ニ出張シテ駿州ノ敗兵ヲ撃留ント欲ス。浅井、大神君ノ先駆《さきがけ》ニ在テ、水野下野守信元カ使浅井六之助ト高声ニ名乗ル。是ニ依テ信元カ兵士等圍《かこみ》ヲ解テ去ル。浅井、今村ノ郷迄供奉《ぐぶ》シ、暇ヲ告テ帰ル。廿日、大神君三州大樹寺ニ陣シ給フ。

とあるように、一揆の蜂起があったというのである。ただ、一揆というと、どうしても中世の土一揆、近世の百姓一揆を連想してしまい、農民の武装蜂起というイメージを抱いてしまいがちである。

ここでいう一揆は、そうした農民の蜂起ではなく、農民を含んではいても、指導部は武士であった。よく、検地反対の土豪《どごう》一揆などがみられるが、性格としては土豪一揆とみてよいのではないかと思われる。つまり、今川軍敗走というどさくさにまぎれ、自分たちの特権を維持しようと、今川軍に対し敵対行動をとるようになった集団を一揆とよんでいたわけである。

一揆の人数については諸書まちまちで、『官本《かんぽん》三河記』では「一揆侍打交千餘人」とするが、一〇〇〇人余というのは誇張しすぎではなかろうか。『治世元記《ちせいげんき》』に「三百餘人催二一揆一」とあるのが正しいところではないかと思われる。

このときの一揆撃退《げきたい》について、『改正三河後風土記』はおもしろいエピソードを紹介している。かいつまんでみると、つぎの通りである。

『改正三河後風土記』はさきの『官本三河記』と同じく一揆の総数を一〇〇〇としているが、元康一行が池鯉鮒を通りかかったとき、この一〇〇〇の一揆軍が元康の行く手をさえぎり、「夜中、この道にかかるのは何人ぞや。これは一揆の大将上田半六なるぞ、一人も通すまじ」と声高《こわだか》に名乗った。すると、元康一行の道案内をつとめていた浅井六之助が進み出て、松明《たいまつ》をさっとふりあげて、「ここに来るは半六ぞや。かく申すは水野殿家人浅井六之助なるぞ。殿の仰《おおせ》を承《うけたま》わり、織田殿の加勢に赴《おもむ》き、桶狭間一戦に義元を討取、只今、又三州勢の落行しを追討《ついとう》せよとの仰せにて、道をいそぐぞ。卒爾《そつじ》するな」とよばわったので、半六はこれを聞き、「ここへ来るは味方なり、過《あやまち》すな」と下知《げち》したので、元康一行は、すんなり通れたというのである。

あまりにうまくできすぎた話なので、そのまま信用してしまうのは危険であるが、元康が浅井六之助を嚮導役《きょうどう》に用いた理由の説明としては恰好《かっこう》のエピソードであろう。これに近いことはあったのかもしれない。

一揆を撃退した元康は、二十日中には岡崎に到着した。しかし、そのまま岡崎城に入ろうとはしていない。さきに引用した『家忠日記増補』にも明らかなように、大樹寺《だいじゅじ》に入っているのである。岡崎城は清康《きよやす》以来の城であり、元康が岡崎城に入ろうとすれば、当然入ることのできた城であった。それにもかかわらず元康が入らなかったのはどうしてであろうか。

答は簡単である。岡崎城に今川氏の兵がいたからである。ここにも元康の深謀遠慮《しんぼうえんりょ》ぶりをみることができる。元康は、「今川兵はやがて駿河《するが》に引き上げるにちがいない」と読んでおり、いらぬ摩擦《まさつ》を避《さ》けようとしたことがわかる。

このとき岡崎城に在番《ざいばん》していたのは三浦上野介と飯尾某《なにがし》を将とする駿河衆で、『松平記《まつだいらき》』には「三河国岡崎にも本丸ニハ駿河衆三浦上野・飯尾と申侍二人、番手に罷在《まかりあり》……」とみえている。『朝野舊聞裒藁《ちょうやきゅうぶんほうこう》』は、三浦上野介を、三浦義保《よしやす》とし、飯尾を飯尾弥次右衛門《やじえもん》としているが、この二人については残念ながらくわしいことがわからない。

『言継卿記《ときつぐきょうき》』によれば、三浦氏で上野介を名乗っているのは三浦上野介氏員であり、氏員と義保とが同じ人物なのか、ちがうとすればその係累《けいるい》がどのようになっていたのか問題となるが、いずれも不明である。

岡崎城の在番衆が岡崎城を退去したのは五月二十三日であった。駿河衆は岡崎城を捨てたのである。元康は、「捨城ナラハ拾ハン」（『三河物語』）といって、大樹寺から岡崎城に乗りこんでいる。まだ竹千代といっていた元康が六歳で尾張に人質としてだまし取られて以来、何度か岡崎城に入ったことはあるが、「城主」としての入城ではなかった。今回は、晴れて「城主」として岡崎城に復帰できたわけであり、松平譜代《ふだい》の家臣たちのよろこびようはたとえようもないくらいであった。

このあたりを描写した史料は多いが、ここでは『伊《い》東《そく》法《ほう》師《し》物語《ものがたり》』に代表させておこう。

……岡崎大樹寺に着座有《ちゃくざあり》。斯て岡崎の城にハ駿河近習《きんじゅう》の侍とも入番して有けるが、義元生害《しょうがい》を聞よりもあわてさわきて、城を明、落行なり。時に普代《ふだい》の面々、是ハ天のあたへと祝着《しゅうちゃく》申。元康公を本城に移し奉る。天文十六年丁未初秋、当城を出させ玉ひ、今年拾九歳ニて永禄庚申五月廿三日戊子、生国岡崎の城主に立帰らセ、相伝の領知を押領《おうりょうある》可《べき》レ有こと、偏《ひとえに》当国六所の明神、伊賀八幡宮の御誓なりと、僧俗男女に至るまて祝着申事限なし。

岡崎城主に復帰したことは、すなわち岡崎領の回復をも意味していたことが明らかである。もちろん、この時点では、そのまま岡崎領回復が今川義元の嫡子氏真《ちゃくしうじざね》によって承認されるという保証はなかったが、すでに元康はその後の今川領の混乱を予想していたことがうかがわれる。

要するに、元康個人にとってだけでなく、元康を頂点とする岡崎衆、すなわち松平一族とその家臣団にとって、それまで何年も続いてきた「今川氏の保護国」からの脱却が、まさに五月十九日の桶狭間の戦いからはじまり、五月二十三日の岡崎城入城によって終るこの四日間になしとげられたわけで、松平氏のその後の発展にとって、この四日間のもつ意味はきわめて大きなものがあった。ついでなので、ここでその後の元康＝家康についても整理しておこう。

元康がいつから今川氏真と手を切って独立したいと考えるようになったかは正確にはわからない。ただ、永禄《えいろく》三年（一五六〇）中には目立った動きはみられず、翌四年になってから具体的な形でみられるようになる。現在までのところ判明している範囲で一番早いのは、永禄四年三月に、元康が三河における今川方部将の板倉重定《いたくらしげさだ》を攻めていることであろう。さらに八月には、長沢城に糟屋《かすや》善兵衛を攻め、九月には東条城の吉良義昭《きらよしあき》を攻めている。

これらの軍事行動は、明らかに今川氏真との手切れを公然と宣言するものであり、すでに元康は西三河の旧領回復に動きだしたことがわかる。今川氏から離れて独立するといっても、文字通り単独でということは、この時代は特に困難であった。つまり、今川氏真との手切れ、織田信長との同盟が連動していたことをこの際重視したいと思う。

信長の側でも、桶狭間で義元を討ち取ったといっても、今川氏は依然として三河まで領国を確保しており、美濃《みの》の斎藤義龍《さいとうよしたつ》とも戦っており、美濃の敵と全面的に戦うためにも、当面、三河の敵とはできれば戦いたくないという状況であった。つまり、元康の思惑《おもわく》と信長の思惑がここでみごとに一致したのである。

信長・元康同盟のプロデューサーは水野信元《のぶもと》だといわれている。すでに水野信元の名前は本書においても何度か登場しているが、元康の生母於大《おだい》の方《かた》の実の兄である。妹於大が松平広忠《ひろただ》に嫁《とつ》いだあと、それまで親今川派だった水野氏は織田方についた。そのため、於大の方が離縁されるという一齣《ひとこま》もあったわけである。

このとき、水野信元が両者の間を斡旋《あっせん》し、翌永禄五年（一五六二）正月十五日の清《きよ》須《す》城での会見にもちこんでいる。ここで正式な形で両者の同盟が成立し、清須同盟の名で知られているが、この同盟は、実に天正《てんしょう》十年（一五八二）まで、すなわち、信長が本能寺《ほんのうじ》の変《へん》で死ぬまで強固に守られているのである。

さて、今川氏真の手を離れ、信長との同盟にふみきった元康にとって、元康という名乗りそのものが不都合なものとなってきた。一〇二ページで述べたように、元康の〝元〟という字は今川義元の〝元〟の字をもらったものであった。つまり、義元から偏諱《へんき》を賜《たま》わっていたのである。義元が死に、今川と手を切った元康としてみれば、元康という名乗りに未練はないし、むしろ、今川氏とのしがらみを精算するためには、改名の必要性を感じはじめていた。

『徳川幕府家譜《とくがわばくふかふ》』によると、元康から家康《いえやす》への改名は永禄六年（一五六三）七月六日のことだったという。その直後、家康は三河一向一揆《いっこういっき》の洗礼《せんれい》をうけることになるわけであるが、それを乗りきることによって、領国を西三河からさらに東三河にまで広げることに成功する。

そして、永禄九年（一五六六）十二月二十九日、松平から徳川に改姓しているのである。ここに徳川家康が生まれたことになる。桶狭間の戦いから六年、家康は名実ともに三河一国を支配する戦国大名にのしあがったのである。

急成長をとげる信長

さて、話を桶狭間《おけはざま》の戦い後の信長《のぶなが》にもどそう。信長が桶狭間の戦いで勝ったとはいっても、尾張《おわり》へ侵攻してきた今川軍を撃退《げきたい》したにすぎない。ふつうならば、今川軍はまた態勢をたてなおし、二度、三度と尾張に侵攻をくりかえすはずである。

しかし、義元《よしもと》の子氏真《うじざね》は、尾張侵攻をまったく放棄《ほうき》してしまった。信長にしてみれば、これはまさに〝天の救い〟といってもよいことだったと思われる。永禄《えいろく》三年（一五六〇）のこの時期、東からの脅威《きょうい》が取り除かれたことは、その後の信長の急成長の原点ともいうべき大きな意味のあることであった。

信長は、すでにみたように、永禄三年の時点では、まだ尾張一国を完全に統一したわけではなかった。しかも、岳父《がくふ》斎藤道三《どうさん》が弘治《こうじ》二年（一五五六）四月二十日の長良《ながら》川の戦いで、子義龍《よしたつ》と戦って敗死してからは、信長は斎藤義龍をも敵とする状況であった。そのため、東からの脅威が取り除かれたところで、信長は、尾張一国の完全な統一と、隣国美濃との戦いに向けて動きはじめたのである。

早くも、桶狭間の戦いから三か月後の永禄三年八月二十三日には、信長は美濃に兵を進め、斎藤義龍の部将丸毛長時・長井甲斐守らと戦っている。

翌永禄四年五月十一日、斎藤義龍が病死し、そのあとを子の龍興《たつおき》がついだ。龍興は十四歳という若さだったため、信長は美濃攻略の絶好の機会と考え、二日後の五月十三日には早くも木曾川を越えて美濃に侵攻している。安八《あんぱち》郡の森辺《もりべ》（森部）あたりではげしい戦いとなったため、これを森辺の戦いとよんでいるが、斎藤方の将長井甲斐守・日比野下野守らが討死し、信長方が優勢であった。しかし、決定的に有利という状況はまだ生まれていない。

二三五ページでみたように、永禄五年（一五六二）正月十五日には松平元康と清須《きよす》同盟を結び、これで信長は完全に東を心配する必要がなくなった。以後、数年間は全力投入の形で美濃への侵攻をくりかえし、翌六年七月には、城も清須城から小牧山《こまきやま》城に移し、美濃侵攻のための布石《ふせき》をきちっとうっている。

そして、結局、永禄十年（一五六七）八月十五日、美濃稲葉山《いなばやま》城に斎藤龍興を攻め、龍興は城を守ることができずに落ちてゆき、ここに戦国大名斎藤氏は滅亡し、信長は領国を美濃にまで広げることができたのである。

慶長《けいちょう》三年（一五九八）の「検地目録」によると、尾張の石高《こくだか》は五七万一七三七石、美濃の石高は五四万石であり、信長は、桶狭間で義元の首をとって、わずか七年で、何と一一一万一七三七石もの石高をもつ大大名にのしあがった計算になる。もっとも、この石高は慶長三年のデータなので、実際にはもう少し低目であったことはいうまでもないが、それにしても、またたく間に一〇〇万石大名の仲間入りをしたことはまちがいないところである。

信長にとって、桶狭間の勝利が決定的な意味をもっていたことは、これらの経過からみても明らかなことといえよう。

桶狭間の戦い後、急速に没落する今川氏

以上みてきた信長《のぶなが》・元康《もとやす》の急速な成長ぶりにひきかえ、桶狭間《おけはざま》の戦いを境に、逆に急坂をころがるように下っていったのが今川氏真《うじざね》である。

父義元《よしもと》が桶狭間で討死《うちじに》したとき、氏真は駿府《すんぷ》今川館にいた。積極的な武将であれば、父の仇討ち、すなわち即座《そくざ》に弔《とむら》い合戦に立ちあがるところなのであろうが、氏真の場合はかなりちがっていた。そのとき二十三歳であるが、それまで武将らしい育ち方をしていなかったのである。

氏真は軍学（兵学）よりも文学を好み、合戦よりも闘鶏《とうけい》・風流を好んだ。現在、氏真のよんだ歌として確認されているものは一七〇〇首におよんでいるが、戦国大名としてはこの数はギネス・ブックものであろう。だからこそ、江戸時代になっても、「今川氏真は和歌で身を滅ぼした」といわれたものと思われる。

寛政《かんせい》の改革を推進した老中《ろうじゅう》として有名な松平定信《さだのぶ》が、その著『閑なるあまり』とい

う本の中で、「日本治りたりとても、油断するは東山義政《よしまさ》の茶湯《ちゃのゆ》、大内義隆《よしたか》の学問、今川氏真の歌道ぞ」と述べているように、今川氏真の和歌は、家を滅ぼした代表格として扱われていることがわかる。氏真は、どうも文武両道というわけにはいかなかったことが明らかである。

こうした例をひくと、氏真はいかにも文弱大名、〝ダメ人間〟との印象を強くするが、武将としてはたしかに失格でも、政治家としてはそれなりの努力を続けていたことは意外と知られていない。どうしても、家を滅ぼしたということが念頭にあるため、氏真はすべてにおいて〝暗愚《あんぐ》〟といったレッテルをはられてしまう傾向があるが、〝暗愚〟だったのは武の方であって、文の方においてはみるべき成果も残しているのである。

たとえば、永禄《えいろく》九年（一五六六）の灌漑《かんがい》用水の整備、同年の楽市《らくいち》政策、同十一年の徳政《とくせい》など、領国経営の点ではみるべき業績を残している（拙著『駿河今川一族』）。

しかし、所詮《しょせん》、戦国時代は弱肉強食の時代であった。強いもののみが生き残ることを許される時代だったのである。氏真は、領国を維持しようという発想はあっても、領国拡大をしていこうという発想はなかった。

戦国大名というのは、極端ないい方をすれば、自転車に乗っているのと同じで、前に進むのが止まれば倒れてしまう宿命にあった。現状維持ということはありえなかったのである。家臣たちが戦国大名についているのは、その戦国大名についていることが自分にとってプラスになると信じているからである。プラスになりそうもなければ、あっさりと主がえをするのが戦国時代の主従関係であり、この場合も、今川氏が発展したのは、義元に力があり、〝強い者への傾斜〟で、家臣たちが義元になびいたから今川領国は強大になったのである。

しかし、義元が死んだ時点で、家臣たちは動揺をはじめる。氏真にその力量がなかったからである。さきにみたように、松平元康がまず離反し、連鎖《れんさ》反応のように三河《みかわ》の家臣たちは次第に今川の手を離れた。その状況を氏真自身は「三州錯乱《さくらん》」と表現しているが、次からつぎへと離反していく状況にとうとう歯止めをかけることはできなかったのである。せいぜい、家臣たちから人質にとっていた妻子を、みせしめに殺すことしかできなかった。それでは離反状況にますます油をそそぐだけであり、ついに、三河は氏真の手を離れた。

この動きはさらに隣の遠江《とおとうみ》にも飛び火している。一番はじめは井伊谷《いいのや》城の井伊直《なお》親《ちか》であった。ただ、井伊直親の場合は、謀反《むほん》のうわさが流れたあと、氏真に召喚《しょうかん》され、弁明のため駿府《すんぷ》に下ろうとし、途中、掛川《かけがわ》城に入ったところで掛川城の朝比奈泰朝《あさひなやすとも》に暗殺されてしまったため、謀反の実否《じっぴ》をただすことはできない。しかし、時代状況としては、井伊直親は松平元康とつながりをもちながら動いていたことは明らかなので、まったく根も葉もないうわさではなかったことはまちがいない。

続いて、引馬《ひくま》城の飯尾連龍《いのおつらたつ》の離反《りはん》、堀越城の堀越氏延《うじのぶ》の離反がある。堀越氏延は、今川一族で、南北朝《なんぼくちょう》期九州探題《たんだい》をつとめた今川了俊《りょうしゅん》の末裔《まつえい》であり、一族でも利害関係によって宗家《そうけ》に弓をひくこともあったのである。

武田信玄《しんげん》にそそのかされて、犬居《いぬい》城の天野氏も今川氏から離れる動きをみせており、こうした一連の動きを氏真は「遠州忩劇《そうげき》」と表現している。さきの「三州錯乱」といい、この「遠州忩劇」といい、氏真の苦悩をそのままいいあらわしている表現といってよいであろう。

三河は元康の手に渡ってしまったが、遠江はなかなかそうはいかなかった。一つには、氏真も遠江が今川領国の重要地点と考えており、その保持に全力を傾けていたこと、一つには、遠江には、松平氏ほど強力な勢力が育っていなかったことが理由としてあげられよう。

そしてもう一つは、「甲相駿《こうそうすん》三国同盟」が生きていたことである。甲斐《かい》の武田信玄、相模《さがみ》の北条氏康《ほうじょううじやす》ともに、義元が桶狭間《おけはざま》で戦死したといっても、すぐに同盟を破棄《はき》することなく、三国同盟はそのまま堅持《けんじ》されていたのである。しかも、信玄は、永禄《えいろく》八年（一五六五）からは織田信長とも同盟しはじめており、信長と同盟を結んでいる家康も信長の同盟者信玄が同盟を結んでいる氏真を攻めることがはばかられる状況となっていた。

その結果、少なくとも、信玄が「甲相駿三国同盟」を破棄する永禄十年までは、家康も公然と遠江に力をおよぼすことはできなかった。氏真は、それまでは、たしかに三河は家康に蚕食《さんしょく》されてしまったが、駿河、遠江の二か国はまがりなりにも維持することができていたのである。

武田信玄による駿河攻めについては、ここでは省略する。駿府を追われた氏真は遠江の掛川城に逃がれ、そこで籠城《ろうじょう》して徳川家康軍と戦っているが、ついに永禄十二年（一五六九）五月十七日、氏真は降服《こうふく》して開城し、掛塚湊《かけづかみなと》から船で蒲原《かんばら》に出、蒲原からは陸路をとって伊豆の戸倉《とくら》城に入った。妻の実家を頼って落ちていったわけで、その時点で、戦国大名今川氏は完全に滅亡したことになる。

ただ、ここで注目しておきたいのは、氏真個人としては駿河を放棄した形となっているが、「甲相駿三国同盟」は破綻《はたん》しても相駿同盟は存続しており、北条氏康サイドではまだ駿河を放棄してはいなかったという点である。

このことが具体的に読みとれるのは、五月二十三日に、氏真が形の上で北条氏政《うじまさ》の子国王丸《くにおうまる》（のちの氏直《うじなお》）を養子とし、それに駿河国を譲っている事実である（『安得《あんとく》虎子《こし》』）。もちろん、実質的には武田信玄の勢力が駿河全体をおおいつつあったので、国王丸に駿河国が譲られたからといって、駿河が北条領国に組みこまれたなどということはできないが、このころの外交上のかけひきをみていく上では無視することのできない動きだったといってよい。

氏真は伊豆戸倉城にはあまり長くいなかったようである。いつ小田原に移ったかは明らかではないが、その年のうちか翌年早々であったと思われる。小田原のどこに住んでいたかも明らかではないが、氏真の正室《せいしつ》、すなわち北条氏康《うじやす》の娘が早川殿の名でよばれていることから判断すると、早川流域に屋敷が与えられていたか、あるいは小田原城早川曲輪《ぐるわ》に部屋を与えられていたかのいずれかであろう。

氏真は妻早川殿とともに、妻の実家北条氏の庇護《ひご》をうけていたわけであるが、それもそう長くは続かなかった。早川殿の父氏康が元亀《げんき》二年（一五七一）十月三日に死んでしまったからである。

氏康は親今川派であったが、氏康の子氏政は親武田派であり、氏康の死とともに、氏政が信玄との同盟復活に動きはじめ、結局、氏真は小田原に居づらくなってしまったのである。

小田原に居られなくなったからといって、氏真に行くところはなかった。困りはてた氏真が藁《わら》にもすがる思いで助けを求めたのが何と徳川家康であった。氏真が家康を頼ったのはなぜだったのだろうか。

これについては、永禄《えいろく》十二年（一五六九）五月十七日の掛川《かけがわ》開城の時点にもどって観察をしなければならないと考えている。というのは、なかなか掛川城を落とすことができなかった家康は、対信玄戦略上、何とか早く決着をつけなければならないと考え、講和条件に、「信玄を追い払ったら、駿河を氏真に返そう」という一項目をもりこんでいたらしいからである。信玄と連絡をとりつつ氏真を挟撃《きょうげき》した当の家康が、苦しまぎれとはいえ、「駿河を氏真に返す」といったことは重要な意味をもっていた。小田原に居づらくなった氏真が、この家康との約束を唯一の頼りとして、家康のもとへころがりこんでいったのである。

家康も、状況が変わったからといって追い返すことはしなかった。駿河は信玄によって押さえられていたので、「駿河を奪取《だっしゅ》するために、もと国主である今川氏真も何かの役にたつかもしれない」と考えたのであろう。氏真の亡命をうけ入れているのである。

その後、天正《てんしょう》三年（一五七五）三月、氏真は上洛《じょうらく》し、京都を見物したりしているが、十六日には信長に謁見《えつけん》している。父の仇《かたき》である信長に謁見するということに抵抗もあったと思われるが、置かれている立場からすれば、そうしなければならない状況にあったことはまちがいない。氏真は信長に「百端帆《ひゃくたんぼ》」の絵を贈っているのである。

信長は氏真に会い、氏真が蹴鞠《けまり》の名手だということを聞いて、「その妙技をみたい」といい出した。そこであらためて三月二十日、信長は氏真を相国寺《しょうこくじ》に招き、そこで蹴鞠を演じさせている。父の仇信長の目の前で蹴鞠を演じなければならなかった氏真の胸中は複雑だったと思われるが、これも時代の流れと思ってあきらめていたのであろう。

国立公文書館内閣文庫所蔵の『賜蘆拾葉《しろしゅうよう》』に「宗誾詠草《そうぎんえいそう》」というのがあり、

悔しともうら山し共思はねと
　我世にかはる世の姿かな

という一首がある。宗誾というのは氏真が出家してからの道号《どうごう》であり、時代としてはもう少しあとであるが、氏真の本心がかいまみられよう。

このあと、遠江の家康のもとにもどった氏真は五月二十一日の長篠《ながしの》・設楽原《したらがはら》の戦いにも従軍している。もちろん、戦功をあげたわけではなく、ただ家康のもとにあって出陣しているというだけであるが、家康は「できれば氏真を駿河にもどしたい」と考えていたようである。

その証拠には、同年八月、それまで武田方の属城であった諏訪原《すわはら》城が家康方になったとき、名を牧野城と改め、そこの城主に氏真をすえているからである。そこで氏真がそれなりの働きをすれば、そのまま一城を預けられるぐらいの将として遇されたであろうが、氏真はその器《うつわ》ではなかった。

天正《てんしょう》五年（一五七七）、とうとう家康も見切りをつけ、牧野城々主としての地位を解任し、氏真は家康の居候《いそうろう》的境遇に置かれているのである。家康に養われ、浜松から駿府へと家康についていったが、天正十八年（一五九〇）に家康が江戸に移ったときにはこれに従わないで京都に上っている。

京都で公家《くげ》たちと交わっている方が性にあっていたとみえ、『言経卿記《ときつねきょうき》』などによって、冷泉為満《れいぜいためみつ》邸での月次《つきなみ》和歌会に出席していることがわかる。家康からは近江《おうみ》において五〇〇石を与えられていたようである。なお、氏真は慶長《けいちょう》十九年（一六一四）十二月二十八日、江戸で没した。享年《きょうねん》七十七歳であった。子孫は高家《こうけ》となり、家名は存続している。

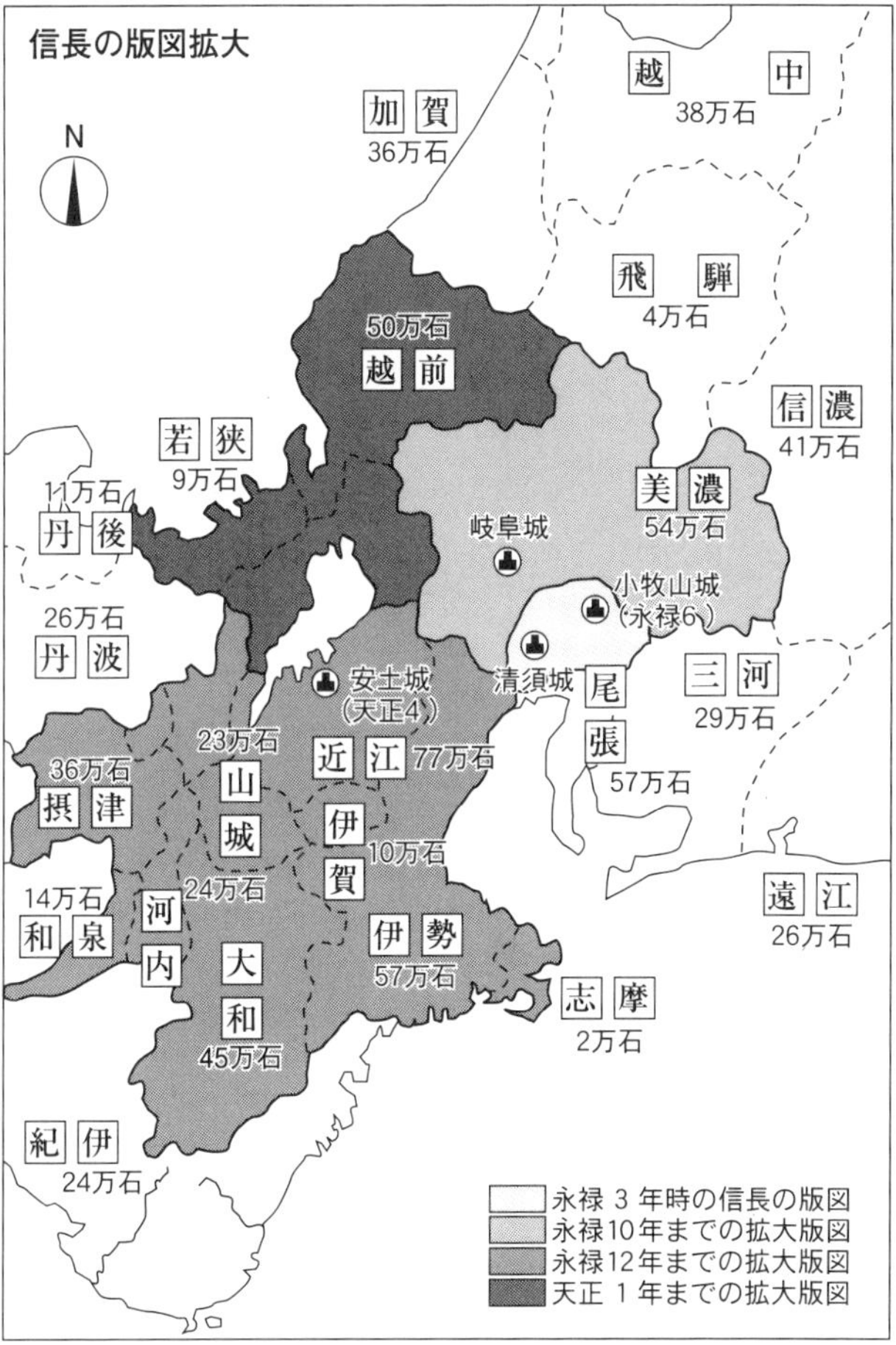
信長の版図拡大
N
越 中
38万石
加 賀
36万石
飛 騨
4万石
50万石
越 前
信 濃
41万石
若 狭
9万石
美 濃
54万石
11万石
丹 後
岐阜城
小牧山城
（永禄6）
26万石
丹 波
清須城
三 河
29万石
安土城
（天正4）
尾
張
23万石
近 江 77万石
57万石
36万石
摂 津
山
城
伊
賀
10万石
14万石
和 泉
24万石
河
内
遠 江
26万石
伊 勢
57万石
大
和
45万石
志 摩
2万石
紀 伊
24万石
永禄 3 年時の信長の版図
永禄10年までの拡大版図
永禄12年までの拡大版図
天正 1 年までの拡大版図

●コラム●清須会盟と神水の儀式

松平元康《もとやす》が清須《きよす》城に赴《おもむ》いて、織田信長《のぶなが》と会ったのは、諸書によれば永禄《えいろく》五年(一五六二)正月十五日である。この日の会見で清須同盟が結ばれ、その日から天正《てんしょう》十年(一五八二)六月二日まで、実に二十年間におよぶ同盟がスタートしたことになる。

和議が結ばれた場合、「以後、背《そむ》きません」という約束をお互いがとりかわすわけであるが、約束ごとを書いた文書を誓書《せいしょ》とか起請文《きしょうもん》とよんでいる。お互いがやりとりした起請文がそのまま残っているケースもあり、その場合は、それぞれ相手から取った起請文を大事に保存していた例である。

しかし、起請文にはおもしろい作法が昔からあった。起請文をしたためたあと、あるいはとりかわしたあと、その起請文をもやし、その灰を水にといて、約束ごとをした当事者がそれを飲むというものである。その水を特に神水《しんすい》といい、「神水をくみかわす」という作法である。

「神水をくみかわす」といえば、中世の農民たちが土一揆《つちいっき》にたちあがるとき、神社に集まり、神前で神水をくみかわして蜂起《ほうき》していったという事例が思いおこされるが、それも、「一揆から脱落しない」「一揆を背かない」という約束をし、その意思がお互い固いものであることを確認しあったものである。起請文をやいた灰を神水にといて、それを飲むという作法も根は同じであった。

『岩淵夜話《いわぶちやわ》』や『東遷基業《とうせんきぎょう》』などによると、このとき、信長と元康がお互いに起請文を読みあげ、読み終ってそれをもやし、灰を神水にといて、二人が飲んだとしている。起請文の作法にのっとり、作法通りのことをやったように記されている。

ところが、『武徳編年集成《ぶとくへんねんしゅうせい》』によると、そうではなかったらしい。起請文をとりかわしたが、それを焼いたのではなく、別な紙に「牛」という字を書き、それを三つにちぎって信長・元康・水野信元《のぶもと》の三人のそれぞれの茶碗に浮かべ、それを三人が飲んだとしている。「牛」と書いたのは、牛王宝印《ごおうほういん》のつもりである。牛王宝印を刷った紙が起請文の料紙《りょうし》として使われていたという事実をしらないと、このエピソードの意味はわからない。牛王宝印で有名なのは熊野那智《くまのなち》大社などの牛王宝印であるが、それを裏がえしにして、白紙の方に約束ごとを記すというのが一般的な起請文の書き方だったのである。

信長はそうした作法を十分承知していて、あえて型破りな起請文の儀式を行ったと思われる。信長の性格などを考えあわせると、むしろ型破りな「牛」の字の紙を浮かべたというのが実際のところだったように思えてくる。

あとがき

今川義元《いまがわよしもと》というと、誰もが、「あー、あのお歯黒《はぐろ》をつけていた戦国大名でしょう」という。テレビや映画の影響力がいかに大きいかをまざまざとみせつけられた思いがすると同時に、「軟弱《なんじやく》武将」のレッテルをはられた義元に同情の念もわいてくる。

お歯黒イコール公家《くげ》という先入観があるため、お歯黒をつけていることは、すなわち貴族的だということになってしまうが、戦国期においては決してそうではなかった。武士もお歯黒をつけていたことは、たとえば、『おあむ物語』に、城中で女たちが、夫や兄の取ってきた首にお歯黒をつけ、一人前の武将にみせようとしていたという描写があるし、イエズス会の日本巡察使として来日していたヴァリニャーノの報告書である『日本巡察記』にも、「われらは金髪や白い歯を持つことを好むが、彼ら（日本人）の中には髪や歯を染料で染める者があり、白い歯や金髪は、下層の卑《いや》しい人々のものと見なしている」と記されているので明らかである。

義元が「軟弱武将」のレッテルをはられたのは、やはり、桶狭間《おけはざま》でみっともない負け方をしたためだろう。しかし、考えてみれば、義元がそのようなレッテルをはられるようになったのは、相手が織田信長《おだのぶなが》だったからである。合戦をすれば、結局は勝つか負けるかであり、徳川家康《とくがわいえやす》ですら、「勝敗はその時の運次第と思うべし」（『東照宮御実紀』附録巻二十三）といいきっているし、「勝つも負けるも時の運」といった考え方は、当時の武士に一般的な観念であったと思われる。

近年、戦国大名研究において、後北条《ごほうじょう》、武田、それにこの今川氏の三大名が特にとりあげられているが、この三大名がいずれも戦国大名の特徴点をよくあらわしているからである。検地《けんち》の施行《しこう》、灌漑水利《かんがいすいり》などの民政、それに分国法の制定など、この三大名は戦国大名としてはトップクラスであった。

しかも、「甲相駿三国同盟」でこの三大名は固く結ばれており、その面からも興味深い。

それにしても、「たった一度の戦いで、一つの戦国大名が栄光の絶頂から、こうも簡単にすべり落ちてしまうものか」と、あらためて戦国合戦の重要性に目をひらかされた思いがしているところである。

◉参考文献

『伊東法師物語』不詳・『朝野舊聞裒藁』林述斎監修・『当代記』不詳・『嶽南史』鈴木覚馬・『三河記』不詳・『武徳編年集成』木村高敦編・『信長公記』太田牛一・『甫庵信長記』小瀬甫庵・『道家祖看記』道家祖看・『北条五代記』三浦浄心・『甲陽軍鑑』高坂昌信・『改正三河後風土記』成島司直・『三河物語』大久保彦左衛門・『桶狭間合戦記』不詳・『松平記』阿倍定次・『總見記』遠山信春・『奥平家伝記』不詳・『三岡記』不詳・『武徳大成記』林信篤・木下順庵編・『酒井本三河記』不詳・『今川義元・織田信長桶狭間合戦略記』・『続明良洪範』真田増誉・『家忠日記増捕』松平忠冬

戦史ドキュメント

桶狭間の戦い

小和田哲男

学研M文庫

平成12年　2000年9月13日　初版発行

平成12年　2000年9月30日　2刷発行

発行者――太田雅男

発行所――株式会社学習研究社

東京都大田区上池台4-40-5 〒145-8502

印刷・製本―中央精版印刷株式会社

★ご購入・ご注文は、お近くの書店へお願いいたします。

★この本に関するお問い合わせは次のところへ。

編集内容に関することは――編集部直通　03-5434-1456

• 在庫・不良品（乱丁・落丁等）に関することは――

出版営業部　03-3726-8188

• それ以外のこの本に関することは――

学研お客様相談センター　学研M文庫係へ

文書は、〒146-8502 東京都大田区仲池上1-17-15

電話は、03-3726-8124

落丁・乱丁本はお取り替えいたします。

定価はカバーに明記してあります。

R-お-1-1　ISBN4-05-901001-4